JN410917

역사의 정답

이기형 통일시집

인지
생략

들꽃시인선 13

역사의 정답

2015년 6월 05일 인쇄
2015년 6월 12일 펴냄

지은이/이기형

펴낸이/문창길
펴낸곳/도서출판 들꽃
주 소/100-273 서울 중구 필동3가 21-8 서울캐피탈빌딩 B202호
전 화/02)2267-6833, 2273-1506
팩 스/02)2268-7067
출판등록/제5-313호
E-mail:dlkot108@hanmail.net

값 10,000원
* 파본된 책은 바꾸어 드립니다.

ISBN 978-89-6143-182-8 03810
ISBN 978-89-89607-15-9 (세트)

들꽃시인선 13

역사의 정답

이기형 통일시집

자서

분단이라는 처참한 현싯점에서 분단종식 즉 통일은 우리들의 최고목표 최고선이 아닐 수 없습니다. 역사가 거꾸로 흐르면 우리 문학인들의 고민은 더 커지고 창작은 한결 어려워집니다. 일제 식민지 36년이 우리 역사의 정도가 아니 듯이, 분단시대도 우리 역사의 정도가 아닙니다. 이 잘못된 역사를 바로 잡으려고 노력하는 것이 이 시대의 진정한 문학입니다. 문학은 그 시대 모든 전선의 첨병이기 때문입니다. 외세와 악법이 우리를 슬프게 하지만 자주문학 자주통일의 목소리는 우리들에게 용기와 희망을 앵겨 줍니다.

자주통일을 향하여 자주문학 앞으로!

지은이 이기형

| 역사의 정답 |

자서 / 5

묶음 하나 : 새 역사의 불길

12_ 새 역사의 불길 - 4 · 19, 30주년에
16_ 전노협 깃발 아래로 - 그 출범에 즈음해
19_ 넘쳐라! 통일과 평화의 물결이여 - 제주 4 · 3항쟁 45주년에
21_ 겨레의 인간띠 잇기 통일세상으로
- 해방과 분단 48주년 임진각에서
26_ 동토에 핀 매화꽃 - 범민련 창립 1주년에
31_ 그대 높은 뜻 영원하리 - 이재문 선생 13주기에
38_ 통일의 화신을 우러러 - 문익환 목사 1주기에
43_ 통일의 한 길로 - 민족문제연구소 새출발에 즈음해
52_ 우리 겨레와 세계 인류 최고의 공통 언어
- '평화와 통일을 여는 사람들' 발족 1주년에 즈음해
59_ 큰 별 애국자의 발자취를 더듬어
- 신채호 선생 회고 문학제에서
63_ 높은 예술의 푸른 봉우리 - 민예총 96 전국예술인대회에 부쳐
67_ 법을 바로잡아 대통일의 새벽을 열자
- 악법반대 범대위 대회에 부쳐
74_ 투쟁예술로 조국통일을 완수하자
- 민주주의 민족통일전국연합 대의원대회에 부쳐
79_ 조국통일 제단에 빛나는 영광스러운 이름들
- 제8회 민족민주열사, 희생자 범국민추모제에 부쳐

묶음 둘 : 통일의

90_ 그대들의 이름을 목놓아 부른다 - 유가협 12차 총회에 부쳐
93_ 역사의 바른 길 - 7 · 4남북공동성명 26주년에 즈음해
102_ 금수강산아 물어보자 - 분단53년 제9차 범민족 민족화해, 단합, 통일을 위한 대축전에 부쳐
108_ 기본권, 자주권 회복과 남북통일 - 양심수 석방대책위에서
116_ 최고 목표는 통일 - 악법 철폐 통일대회에서
122_ 통일의 - 1998년 송년잔치 한마당에서
126_ 수상소감 - 1999년 4월 16일 사월혁명상을 받고
129_ 통일 위업의 금자탑 - 경실련 통일협회 창립5주년에
135_ 생기 돌고 활기 넘치는 농촌건설을 향해 - 전농 경기도연맹 창립 8주년에
141_ 백두산을 바라 별을 바라보며 - 국가보안법 철폐를 위한 국민연대 집회에서
147_ 친일 실체를 밝힌 애국봉화 - 임종국 선생 서거 10주기에
152_ 한데 맨봉당에 온 몸을 던져 365일 - 유가협 농성 1년에 부쳐
157_ 미군의 학살 만행을 모조리 밝히라 - 반련 반미일 대회에서
160_ 21세기 통일된 조국은 그대 젊은이들의 것이다 - 지명수배자들의 조계사 송년모임에서

| 역사의 정답 |

묶음 셋 : 겨레의 푸른 꿈을 향해

170_ 그날, 한라산과 백두산은 춤출 것이다
- 제주 4 · 3특별법 국회 통과를 보고
173_ 민중적 천재성을 발휘하라 - 민주노동당 창건을 축하해
179_ 인제 우리도 분단을 청산하고 민족답게 인간답게
살아야 합니다 - 민간인 학살 진상규명에 즈음해
185_ 반백년 막힘을 뚫고 - 북의 시선집 출간에 부쳐
190_ 해가 보이지 않는 나라의 언론백서
- 눈보라 속 국가보안법철폐 단식 농성장에서
193_ 겨레의 푸른 꿈을 향해 - 민족문제연구소 창립 10주년에
198_ 조국통일로 총진군하자 - 6 · 15남북공동선언 실천과
민족통일 촉진을 위한 수원지역 청년학생 통일 대토론회
203_ 모든 길은 통일을 향해 - 노동자 통일일꾼 전진대회에서
208_ 우리들의 영원한 스승 청암 송건호 선생 영전에
212_ 위대한 조국산하의 부름을 받아
- 6 · 25전쟁, 전후 미군학살의 진상을 밝히는 모임에서
217_ 청풍아 훈풍아 불어다오 - 상해 임시정부 수립을 돌아보며
220_ 애국통일의 말 없는 횃불
- 국회 앞 국가보안법 폐지 애국 단식농성에 부쳐
223_ 떨어져도 빛을 내는 통일의 별 - 신창균 선생님 영전에
226_ 자주정신으로 자주통일을 이룩하자
- 6 · 15통일 행사를 준비하는 모임에서

| 역사의 정답 |

묶음 넷 : 역사의 정답

230_ 유정 趙東祜 선생 영전에

236_ 민족자주정신과 남북통일

- 홍범도장군기념사업회 출범에 즈음해

239_ 현대의 전설 - 민가협 창립 20돌에

243_ 역사의 정답 - 사월혁명 45주년에

246_ 민족 민중 해방의 봉화

- 아, 지금은 없는 민족일보 창간 45주년에

251_ 자주독립정신의 化身 - 신채호선생 순국 70주년에

255_ 항새울들녘을 보듬어 안고 - 미군저지 평화대행진에서

259_ 동아투위! 그대 이름 영원하리

- 10 · 24 자유언론 실천선언 32주년에

263_ 민족회생의 봄기운이 완연

- 소위 '인혁당 재건사건' 여덟분 영전에 머리숙여

268_ 남북 삼천리에 소생하는 생명력이 약동합니다

- 양심수후원회 18차 총회에 부쳐

273_ 분단 민족비극의 종식을 위해 미군은 지체없이 철수해야 한다 - 반전 전민특위 대회에서

279_ 힘과 지혜를 주시옵소서 - 몽양 여운형 선생 서거 59주년에

283_ 통일의 상징 홍근수 목사의 만수무강을 기원 합니다

- 그의 고희에 부쳐

묶음 하나

새 역사의 불길

새역사의 불길

- 4 · 19, 30주년에

아, 벌써 30년!
그날도 남쪽 쪽빛바다
훈풍은 살랑살랑
파릇파릇한 마산 들판 보리싹 잎새를 쓰다듬어 주었고
천마산 위 조국의 하늘은 유난히도 푸르렀다
저 운명의 날 1960년 3월15일
너는 앞장 섰다
'부정선거 다시하라', '부정부패 쓸어 엎자'
데모대열 맨 앞장에서 불꽃을 토했다
네 눈동자를 할퀴어 빼고 너를 바다에 던진자는
조선토종이 아니었다
실은, 왜귀신 양귀신에 들씌운 동족의 원수였다
"주열아 ! 주열아 !"
남원에서 정신없이 달려온
네 어머니 권여사의 애간장이 타는 외마디 비명소리
지금도 마산 시민의 가슴을 생생히 찢어
네가 눈알 없는 시체로 떠올려진 4월 11일
구두닦이 오성원 등은

용사의 시체를 저들의 옷으로 감싸 맞들고
"원수놈들을 찢어 죽이자" 고
거리 거리를 외쳐 돌았다
원통한 네 눈동자가 달아 올린 천마산 횃불은
북쪽 봉우리 봉우리를 드높이 밝혀
마침내, 서울 북악산에까지 타올라
저 역사의 날 4월 19일
서울 장안은 온통 부정선거 규탄시위로 노한 물결
국민학교 어린이들까지 나섰다
"국군아저씨 형들에게 총을 쏘지 마세요."
대학생, 고등학생, 구두닦이, 넝마주이까지
피범벅 된 전우의 시체를 떠메고
노한 피목청으로 내달았다
민족과 민주를 저버린 독재의 아성을 향해
'따다당! 땅땅!'
거리는 선혈로 물들었다
병원은 신음소리로 가득 찼다
대학생 김치호는 어린 동생들에게 치료를 양보해
끝내 제 목숨을 빼았겨 버렸지
경무대 앞 공방의 절정
쓰러지고 내닫고 쓰러지고 내닫고
시위대는 지칠 줄 몰라
급기야는, 북악산을 와장창 밀어 제꼈다

독재궁은 혼비백산 늙은 골리앗은 황망히 도망쳤다
헌데, 역사는 무심하던가
왜귀신 붙은 철부지 군인들이
네 형들의 승리를 몽땅 짓밟은 지도
어언 30년
너도 지금은 쉰 살에 가까운 혼령이구나
일찌기 네가 첫번 댕겼고
형들이 빨갛게 태우고 달군
반독재 해방의 불길은 오늘도
부산과 마산
서울과 광주에서
온 나라 하늘과 땅에서
활활 타고 있다
주열아
불멸의 넋아
독재의 반공철벽을 육탄으로 부수고
자유와 민주와 민중의 새세기를 열어
180여 4 · 19영령들이여
저 일어서는 진동소리가 들리느냐
그대들이 올린 불길이
조국 38장벽에도 활활 타올라
왜귀신도 양귀신도 싹 다 가라
독재도 반민주도 싹 다 가라

다만 타올라
민주의 불길
통일의 불길
저기 4 · 19용사들의 성지
조국은 영원히 기억하리라
그 빛나는 이름을!

(1990. 4. 19.)

전노협 깃발 아래로

- 그 출범에 즈음해

우리 노동자가 입만 벙긋하면
좌경 용공 폭도로 몬다
검은 감시를 받는다
우리들 중 똑똑한 친구는, 모조리 내쫓겼다
잡혀갔다
매맞아 병신됐다
의문사를 당했다

팔목 발목을 묶어놓고
귀를 막고 눈을 가리고 입에 자갈을 물려놓고
우리더러 일만 더하란다
저그들은
재화를 남산만큼이나 쌓아놓았겄다
경치 좋은 곳에 불법으로 호화빌라를 지어놓았겄다
마이카 두 세대로 호화사치품과 애완용 개 고양이 새들을 사들인다
홍청망청 하룻밤 화대 합궁값을 수백만 원씩 탕탕 뿌린다

우리더러는 과소비하지 말고 절약하란다
예예 죽은 체 일만 더하란다
저그들이
기초과학연구 시설이나 새로운 기술개발에는 힘을 쓰지 않고
돈놀이 땅투기 호화관광 외제품 사재기에 열을 올려
백억불 무역적자가 나자
노동자들이 게으르다고 탓하고 법석을 떤다
허리띠를 졸라매고 일만 더하라고 채찍질이다
우리 노동자들의 정당한 요구는 들어주지 않고
다짜고짜 일만 더 하라니
이건 저질의 욕심장이다
이건 최악의 파렴치다
우리 노동자들은 중세 봉건시대의
종이 아니여
머슴이 아니여
민주주의 대낮
일대일의 당당한 인격체다
우리는 처우개선 환경개선 노동악법철폐에 대해 말할 뿐만 아니라
나라의 민주화와 반외세에 대해
삼팔선 쓸어엎기와 민족의 통일에 대해
당당히 발언할 권리가 있다

노동은 인간행위의 알파요 오메가거니
노동은 인류역사의 모체거니
오늘 우리 노동형제들은 강철로 뭉쳐
자본과 권력의 사슬에서 어서 풀려나야 한다
오늘 우리 칠천만 겨레는 힘차게 싸워
분단과 외세의 멍에에서 당장 벗어나야 한다

전국 노동형제들이여!
노동해방과 민족통일을 향해 총진군하자!
전노협 깃발 아래 굳게 뭉친 천만 노동자들의
단결 투쟁 승리 만세!

(1991. 12. 7. 독립문 옆에서)

넘쳐라! 통일과 평화의 물결이여

- 제주 4 · 3항쟁 45주년에

이제
한라산은 입을 열어야 한다
인고의 세월을 마감하고
저 바다도 들으란 듯
떳떳이 외쳐야 한다
1947년 3 · 1의 분노
1948년 4 · 3의 함성
그날 타올랐던 항쟁의 불길
지금 신혼부부가 무심히 거니는
모슬포 백사장에,
서귀포 유채꽃밭에,
돌담 오솔길에,
거짓이 춤추는 호텔 어귀에
거룩한 피가 흘렀느니
귀 기울이면 들린다 그날의 아우성이
돌이켜보건대-
1920년대 강창보가 뿌렸고
1930년대 김문준이 이어 뿌린 새날의 씨앗이

한라골 칡넝쿨마냥 자라
미군은 물러가라
친일파는 꺼져라
그렇듯 피흘리며 목터져라 외쳤건만
피세월은 장장 45년
그 미군이,
그 배족이,
저꼴로 퍼질러 앉아
욕되게 하는구나 피의 역사를
오늘 우리들은 다시 일떠서 외친다
외세는 물러가라!
허깨비는 사라지라!
다만, 알찬 자주정신만 남아
아름다운 제주도를,
비단결 삼천리를,
통일과 평화의 물결만이 넘치게 하자
한라산 백록담까지
백두산 천지까지
통일과 평화의 물결만이 넘치게 하자

(1993. 4. 3.)

겨레의 인간띠 잇기 통일세상으로

- 해방과 분단 48주년 임진각에서

남북 분단 통한의 48년을 맞았습니다
어머님!
꽃나이 스물 둘에 홀로 나신 어머님
외아들을 기다려
망자석이 되셨을 어머님
오뉴월의 서릿발이 되셨을 어머님
불효자는 동안이 노인이 되고
흑발이 백발이 되었습니다
북천은 우러러 아무리 두 팔을 휘저어도 어머님 모습은 나타나지 않았습니다
불러도 불러도 어머님 목소리는 들리질 않았습니다
날아오고 날아가는 기러기에 애원해도 허사였습니다
저렇듯, 산은 옛날처럼 푸릅니다
어머니와 저는 어찌해서
옛날처럼 만날 수 없단 말입니까
하지만, 어머님을 하루빨리 만나 업어 드려야 합니다
분단 48년에도 북쪽 혈육을 절로 만난 이산가족은 한 사람도 없습니다

이산 혈육은 꼭 만나 얼싸 안아야 합니다
한과 피눈물의 갈라진 세월이 원망스럽습니다
백두산 천지물과 한라산 백록담 물을 합치면서
왜 남북혈육은 합치지 않습니까
참다못해 기다리다 못해
우리들은 손에 손잡고 독립문에서 임진각까지 인간띠를 만들어
판문점에서 북쪽 형제와 혈육의 인간띠를 이으려고
산을 넘고 강을 건너 왔습니다
허나, 길은 막혔습니다
도대체 어찌된 영문입니까
갈라진 48년도 짧다는 말입니까
통일을 외면하자는 말입니까
하느님이 내려다 보십니다
단군 할아버지가 굽어 살피십니다
갈라져 반백년을 살아 왔습니다
얻은 것은 외세요
잃은 것은 자주입니다
이젠 외세와 결별해야 합니다
남북은 하나가 되어야 합니다
힘을 합쳐야 합니다
남과 북은 손에 손잡고 혈육의 인간띠를 걸어 나아가야 합니다

아리랑을 부르며,
천안 삼거리를 부르며

대합창 대통일 겨레의 길로 나아가야 합니다
1995년 해방 희년을 넘겨서는 안됩니다
어머님, 잠시 꿈을 꾸어볼까 합니다

판문점 콘크리트 바닥에 그어진 너비 10센티
하얀 분단선을 사이에 두고
김영삼 대통령과
김일성 주석은
웃음 띤 얼굴로 마주 섰습니다
남북 7천만은 숨을 죽이고 응시합니다
"반갑소, 통일합시다!"
"암, 통일해야죠!"
너무나도 감격에 겨운 외마디 대화라
누가 말문을 열었는지 모릅니다
두 사람은 조금도 어설프지 않고 자연스레
포옹을 했습니다
팔을 풀고는
한 사람은 북을 향해
한 사람은 남을 향해
산도 쩌렁 큰 웃음을 웃었습니다

"핫 하하하하… "
"핫 하하하하… "
반 백년간 옹쳤던 분단의 옹이 풀렸습니다
새 역사가 시작된 엄숙한 순간이었습니다
참, 통일은 간단했습니다
우리는 꿈에서 깨어나
1993년 8월 15일 이 시각
임진강과 임진각으로 돌아왔습니다
저 북을 향해 분류하는 인간띠
저 남을 향해 분류하는 인간띠
한발짝 한발짝 가까와지는 7천만 형제의 인간띠 잇기
반드시 오늘 잇어야 합니다 내일이면 늦습니다
정말로 참말로
김영삼 대통령과
김일성 주석은
통일 대통령으로
통일 주석으로
청사에 기록될 것을
온 겨레는 진심으로 기원해마지 않습니다
'통일합시다!
'통일합시다!
7천만의 피목청이 터졌습니다
분단 쇠사슬을 와지끈 끊어 버립시다

통일 세상으로
통일 세상으로
금수강산 남북 대통일 만세 만세
만만세!
어머님! 그날까지
꼭 살아서 계셔야 합니다

(1993. 8. 15.)

동토에 핀 매화꽃

- 범민련 창립 1주년에

오늘은
범민련이 태동해서부터 6년이 되는 날이요
정식으로 출범해서 1년이 되는 뜻깊은 날입니다
그 동안 범민련이 헤쳐온 도정은 가시밭길이었습니다
이 순간 강희남 목사님을 비롯한 지도부는 철창 속에 갇히어 찬마루바닥에서 떨고 있습니다
오늘의 창립1주년 기념행사는 범민련살리기 비상대책위원회가 마련하였습니다

매화는
흰눈송이가 펄펄 날리고 뭇 꽃들이 필 엄두도 못내는
괭춘에 피어
만인의 경탄을 자아냅니다
속진에 때묻지 않은 저 고고한 아름다움
설한도 아랑곳 없이 천지에 피워 올리는
저 고매한 절개와 의지의 꽃
나는 범민련 일꾼들을
이 나라 동토에 피는 매화꽃에 비유합니다

그들은 일신의 안락을 도모하지 않고
오직 민족의 통일과 행복을 위해 싸우는
외롭고 꿋꿋한 애국지사들입니다
헌데, 어느 날 갑자기
모진 광풍이 불어닥쳐
그 매화꽃 무더기를 모조리 싹쓸이 꺾어가고 말았습니다
이건 도대체 무슨 날벼락입니까
20세기 밝은 대낮에
민주주의 국가 대한민국에서 말입니다
지난 시기
군사정권하에서도 이런 폭거는 없었습니다
명색이 문민정부 아래에서 이런 어처구니 없는 괴변이 벌어졌습니다
그저 말문이 막힐 뿐입니다
저는 개인적으로 1984년과 1986년 두 번에 걸쳐 김영삼 선생과 접촉했습니다
그 당시 저는 놀라움과 경의의 눈으로 그를 바라보았습니다
바로 그 분이
1993년 2월 대통령으로 취임했을 때
김영삼 대통령에 대한 저의 기대는 컸습니다
그 해 3월 5일 대사면에서

저도 사면 복권되었습니다

고마운 마음을 금치 못했습니다

그러든 차에

이번 범민련 탄압을 보고

실망과 분노를 금할 수 없습니다

범민련은 우리 대한민국을 이롭게하는 단체이지

북쪽 정권을 이롭게하는 소위 이적단체는 아닙니다

범민련은 일편단심 조국의 통일을 염원하고 통일을 위해 헌신하는 애국단체입니다

남과북 칠천만 형제는

일구월심 통일만을 열망합니다

그러나, 역대정권의 반공정책 반공교육 때문에 통일문제는 일보도 전진하지 못했습니다.

국가보안법이 존속되는 한 통일은 달성될 수 없습니다

물론, 문민정부는 잘한 일도 많습니다, 금융실명제라든가 돈 안드는 선거법이라든가

역사바로세우기 등 괄목할 만한 치적이 많습니다.

특히 전두환 노태우 정호용 등을 군사반란죄 내란죄 뇌물죄 등으로 다스리는 것은 역사바로세우기의 백미편이라 하겠습니다.

역사바로세우기는 5, 6공 뿐만 아니라 4공 유신정권 더 나아가서는 이승만 독재정권까지 거슬러 올라가야

합니다.

범민련은 사실 태동기로부터 역사바로세우기에 앞장선 사람들입니다. 전두환 노태우의 군사정권의 부당성 부도덕성을 진작부터 외친 사람들입니다.

그런 선진 애국자들을 역사바로세우기 와중에서 잡아가둔다는 것은 모순도 이만저만한 모순이 아닙니다

미국 대통령 부시와 소련 대통령 고르바쵸프가 지중해 연안 몰타에서 동서냉전 해소를 선언한 것은 1989년 겨울이었습니다.

1992년 12월에는 남북기본합의서가 채택되지 않았습니까.

그렇다면 의당 남북 냉전 해소 즉 국가보안법은 진작 철폐되었어야 했습니다.

헌데, 철폐는 커녕 오늘까지 퍼러딩딩 살아있어 범민련을 탄압합니다. 이것은 국가적 민족적 불행이요 손실이 아닐수 없습니다

범민련은 일제하 독립투쟁정신을 이어받았고 8.15해방후의 반독재 민주화와 통일투쟁의 전통을 실천하는 가장 순수한 애국애족 민주적 단체입니다.

사정 당국은 범민련을 억누를 것이 아니라

잘 이끌고 키워서

나라의 융성 발전과 통일에 도움이 되도록 헤아려야 합니다

매화는대지에 뿌리를 박고
만인의 사랑을 받습니다
매화는 영원합니다
범민련은
민족의 역사에 뿌리를 박고
국민 대중의 기대를 받습니다
범민련은 남북 대등 통일에 헌신합니다

역사바로세우기 만세!
남북 통일 만세!
범민련 만세!
범민련일꾼들을 당장 석방하라!

그대 높은 뜻 영원하리

- 이재문 선생 13주기에

지금 우리들 앞에
한줌의 흙으로 말없이 누워 계시는
이재문 선생!
선생이 가신 지도 어언 13년이 되었습니다
우리들은 해해 년년 오늘이면
가난한 삶을 챙겨 들고
이렇게 조촐히 선생을 찾아옵니다
비록 선생의 육체는
한줌의 흙으로 누워 계시지만
선생이 뿌린 씨앗은
싱싱하게 무럭무럭 자라나고 있습니다
이재문 선생!
요즘 세상 돌아가는 꼴을 보셨지요
과시 역사적 참혹상입니다
어쩌다가 우리 조국 남쪽이
이 지경에 이르렀을까요
지존파,
박한상,

온보현,
세금도둑,
공금 가로채기,
각종 부정부패비리,
외세 외풍의 광란,
통일일꾼과 진보적 애국청년학생 잡아가기,
도덕, 질서, 법의, 아니 인간생존의 총체적 붕괴입니다
선생이 그렇게도 증오했고 배척해 마지않던 반공교육의 후과가 아니고 무엇이겠습니까
통일목사 홍근수 선생은 진작
"공산주의는 인도적" 이라고 갈파했습니다.
역대 정권이 만일 반공교육을 실시하지 않았더라면
오늘의 참혹한 후과는 생겨나지 않았을 겁니다
인류역사는
큰 안목으로 볼 때
진리와 거짓,
정의와 불의,
선과 악,
진보와 보수,
가난뱅이와 부자의 싸움의 역사였습니다.
우리의 유수한 역사도 예외일 수 없습니다
1945년 8 · 15해방은

해방과 동시에
남북 분단이라는
민족적 대비운을 앵겨 주었습니다
미군과 친일파의 악업 때문이었습니다
참으로 가슴 아프고 한맺힌 민족 대비극이었습니다
현재 우리의 민족적 역사적 상황은
앞서의 단순 이분법이나 흑백논리만으로는 해결할 수 없는 거미줄처럼 얼키고 설킨 복잡미묘한 남북적, 국내적, 실정에 놓여 있습니다
옛날의 고구려, 백제, 신라의 삼국정립이나
고려와 발해의 남북 분단은
상층 우두머리들의 권력구조에 따른 분리, 분단이었을뿐
하부 풀입 백성들은 분단이나 분리의 폐단을 피부로 느끼지 못했고
한 핏줄, 한 형제로 경계선도 분단선도 분간 못하며 자연스레 왔다 갔다 인사를 나누며 오손도손 살아왔습니다
그런데 오늘은 어떻습니까?
분단 49년이 지났건만
남과 북으로 갈라진 채
눈을 부라리며 총칼 맞대고
분단선은 날새 한마리도 얼씬 못합니다

남과 북으로 흩어진
부자 형제 혈육은
상봉은 커녕
편지 한 장
전화 한 통도
반백년 동안 주고 받지 못했습니다
이런 지독한 숨이 꺼지는 막힘은
동서고금 인간사에서
그 유례를 찾아볼 수 없습니다
비인간 반민족 행위의 극치 중 국치입니다
이재문 선생이
살아 생전에 계획하고 실천했던 일은
바로 이러한 불합리하고 반민족적이고 비인도적인 분단현실과 계급모순을 깨부수고
남북민중이 한 형제로
얼씨구 어울려
자유롭게
평등하게
행복하게
평화롭게 살아갈 수 있는 새세상을 만들고자 함이었습니다
그러나 선생은
민족과 역사를 거슬은 악귀들 손에 그 고귀한 삶을 무

참히 빼앗기고 말았습니다
원통하기 그지없습니다
천추의 한은
종일 주먹으로 땅을 치고
하늘을 우러러 호곡해도 풀릴길이 없습니다

동구와 소련의 좌절을
철없고 무식한 사람들은
'멸망' 운운하지만 실은 그 정권만 망했을뿐
역사의 진실은 여전합니다
선생이 가리킨 길은
그 때도 옳았고
오늘도 옳습니다
과학은
태양이 지구 위로 떨어진다고 말하지 않습니다
마찬가지로
선생이 걷던 길은
역사의 과학적 본류입니다
인류의 새로운 깃발입니다
멈추지 않습니다
영원히 나부낍니다
오늘, 조국 북쪽에서는
선생의 꿈이 꽃피고 있습니다

삼천리 땅 반쪽에 버티고 서서
놀랍게도 미국을 상대로, 아니 전세계를 상대로 승리적으로 싸우고 있습니다
조국 남쪽에서는
문민정부의 이름아래
선생의 정신이 속속들이 짓밟히고 있습니다
하지만
남과 북 중
어느 쪽이
애국애족인가
어느쪽이 자주적인가
어느쪽이 외세의존적인가
어느쪽이 통일지향적인가
어느쪽이 정치적 천재성인가
극도에 달한 반공소동 속에서도
많은 사람들은 다 압니다
역사는 끊임없이
인간의 꿈의 고봉을 향해
전진할 따름입니다
선생의 혼백은,
정신은,
꿈은,
겨레와 함께

역사와 함께
영원할지니
무궁할지니
한 시대의 해방전사, 혁명투사
이재문 선생이시여
마음을 푹 놓으시고
고히 잠드소서
우리 민중의 힘은 무궁무진합니다
전진합니다!
전취합니다!

통일의 화신을 우러러

-문익환 목사 1주기에

통일목사 문익환 님
민족시인 문익환 님
님을 눈물로 보낸 지도 어언 한 해가 되었습니다
오늘 우리들은
님을 그리워하며
님을 우러르며
여기 모였습니다

1970년 11월 전태일 노동자가 피눈물의 분신으로 부활한 이래
숨막히는 암흑의 연대에
본의 아니게 감옥을 드나들어야 했고
할복, 분신, 투신, 의문사가 뒤따른
처절한, 숙연한 눈물의 자리마다엔
언제나 목사님께서 가시밭길을 헤치고 달려오셔서
애도와 위로와 용기의 말씀을 아끼지 않으셨지요
저 대학로에서의 빈번한 사자후는
운집한 청중의 가슴에 용기의 샘을 솟구쳐

마침내 역사적 1987년 6월항쟁의 승리를 끌어내게 했지요

문익환 목사는

유교와 실학과 기독교에 바탕을 둔 아버님 어머님의 높은 가르침을 따라,

또한 당신의 예지와 용기로 해서

해방 전에는

반일학생운동을 벌였고

해방 후에는

나라의 민주화와 통일에 온 심혈을 쏟았습니다

1989년 3월

일대 결단과 용기로

44년간 얼어붙었던 삼팔장벽을 뚫고

평양을 방문해 김일성 주석을 만났을 때

한 논객은 말하더군요

"문익환, 저 사람은 미친 사람이야"

그러나, 미친 사람은 과연 누구일까요

제정신 아닌 미친 사람은

바로 그 논객임을

시대의 양심과 형안은 환히 압니다

통틀어, 1980년대에 다진 민주, 민중 승리의 영광을

우리는 대부분 문익환 목사의 몫으로 돌립니다

문목사님이 우리 곁을 떠나 부활한지 1년이 되는 오늘

나라와 겨레가 남북으로 찢겨 50년이 되는 오늘
어이없게도 세상은 목사님의 뜻과는 정반대로 돌아가고 있습니다
원망스러워!
역사의 시계는 50년간 거꾸로만 돌아가다니
목사님!
지금, 세상은
세계화 바람이 휘몰아치고 있습니다
분단 반백년이 되는 통한의 해에,
민족 비운이 최고조에 달한 오늘에,
통일을 외면한 세계화에
국민의 허탈감은 이만저만이 아닙니다
목사님!
통일은, 응당 국정의 최고 순위에 놓여져야 하지 않겠습니까
세계화는 통일의 터전을 닦는 일환으로만 펼쳐야 마땅하지 않겠습니까
우리들의 문목사는
당신의 전생애를,
몸과 마음을 아낌없이, 여한없이, 송두리째 던져
조국의 민주화와 통일에 바쳤습니다.
이 세상을 떠나시는 마지막 순간까지도
통일을 역설하셨습니다

통일로 몸부림쳤습니다
그 고귀한 생애는
통일 일념으로 줄달음쳤습니다
통일의 화신, 바로 그것이었습니다
만일, 남북 7천만 겨레가 문익환 목사처럼
애국일념, 통일의 열망과 실천으로 뭉쳤더라면
남북 통일은 진작 이루어졌을 겁니다

우리들의 영원한 벗이요 스승이요 지도자인
문익환 목사님!
우리는 당신을 보내지 않았습니다
그 환한 웃음과 자상한 목소리를 잊지 않고 뇌리에 각인하고 있습니다
당신을 뒤따르는 제2의 통일목사들도 앞을 다퉈 나타나고 있습니다
목사님의 아들 딸 피붙이들은
통일가족답게 제 몫은 훌륭히 해내고 있습니다
금년은 통일 희년입니다
문목사님의 염원대로, 유훈대로
우리들은 1995년 올해를
지구상 유일한 분단국가라는 오명을 씻고
기어코 통일원년으로 만들 굳은 결의에 가득차 있습니다

크낙한 민족이상을 구현하기 위해
외세는 50년이면 지나치게 족하니 모셔보내야 합니다
국가보안법은 겨레를 너무나도 갈갈이 찢어놓았으니 이젠 없애야 합니다
이건 세계화의 첫걸음입니다
문익환 목사님!
우리와 비록 유명은 달리했지만
저 높은 천계에서도
칠천만 겨레에게 통일의 큰힘을 그날처럼 복돋아 주옵소서!
내내, 길이, 부활의 영광을 누리옵소서

(1995. 1. 18.)

통일의 한 길로

- 민족문제연구소 새출발에 즈음해

조국 분단 반백년!

단장의 이 한마디
암흑의 중세기도 아닌 이십세기 민주주의 밝은 대낮에
이런 끔찍한 민족비극이
조상의 땅 우리 금수강산에서 일어났다니
제법 늘씬한 차림으로 거리를 활보하는 사람들아
이런 민족 대비운을 두고도 그래 간밤을 편안히 잤단 말이냐
인젠, 한숨도 눈물도 울분도 통곡도 말랐다.
이제야말로 숙연히 옹골차게 마음을 가다듬어
신들매를 단단히 매고 떠나야겠어
분단 비극은
왜?
누가?
뭣 때문에?
선각의 큰 애국지사 임종국님은

저 암흑의 계절에
나직이, 그러나 똑똑히 대답했다
"친일파 때문이다"
외롭게 묵묵히 이룬
그대 『친일파 연구』는 참으로
놀라와
광휘로와
삐뚤어진 현대사를 바로잡는
초석
길잡이
등불

흉포한 일제는
우리 민족의 모든 것을 빼앗아, 짓밟아,
오직 일본화만을 강요했다
합방 전후
의병운동, 만세운동으로
우리민족이 죽지 않았음을 세계에 알렸건만
2 · 8선언문과 3 · 1독립선언문을 작성한
이광수와 최남선은
뒷날 친일로 변절해
우리 후대들에게 뼈아픈 충격을 주었다
최남선이 총독부 중추원 참의 벼슬을 받았을 때

만해는

최남선 문전에서

'어이 - 어이 -' 최남선 사망을 곡해

가물거리는 민족혼을 일깨웠다

1938년 여름

필자의 항의에 이광수는 대답하드군

"나도 젊었을 땐 李君과 같이 생각했어. 하지만 우리 조선은 역사적으로나, 지정학적으로나 일본, 중국, 러시아 중 어느 한 나라에 의지해서만 살 수밖에 없어. 이미 일본에 기대 30년 가까이 살아왔으니 그냥 살아야지 딴 도리가 없잖아."

변절자의 궤변에 분개할 수밖에…

1940년 2월 15일은 창씨개명을 시작한 날

이날 이광수는 제1호로 '香山光郎' 이라 창씨개명하고 조선신궁을 참배했다. 그날의 한 장면을 이광수는 경성일보(일어)에 다음과 같이 썼다

'… 맞은편에서 걸어오는, 평소 허물없이 지내던 한 친구와 마주쳤다. 반가이 인사했다. 헌데, 친구는 내 인사는 받는 둥 마는 둥 피식피식 웃고만 있었다. 아마 창씨개명한 나를 비웃고 멸시 하는게 분명했다. 하지만 멀지 않아 나의 진의를 알게 되면 후회하는 날이 반드시 올것이다.' 운운

일제 36년 동안
순결한 민족주의자와 진보적 사회주의자는
목숨을 내놓고
반일 독립투쟁을 벌여왔다
반면, 변절자와 배신자들이 속출했고
일제의 황민화교육에 순응 영합한 친일분자들이 양산되었다
이들이 바로 뒷날의 친일파다
임종국의 친일파 연구는
민족배신자를 규탄해 민족정기와 민족사를 바로잡았을 뿐만 아니라
지조의 순결성과 고매성이 사람의 인격 형성의 기본임을 깨우쳐 주었다

작년 12월
재야 인사 이수갑씨는 일본을 방문했다
일본 각 현 의회마다 해괴한 결의를 하고 있었다
'1945년 패전으로 중단된 아세아 해방운동을 우리 일본은 다시 펼쳐야 한다.'
거꾸로 돼도 한참 거꾸로 된 세상
역사의 시계를 50년 전으로 완전히 뒤돌려 놓고 있었다
이씨는 말했다

· 36년간 우리 조선민족을 괴롭혔고 빼앗아간 문화재와 온갖 재화에 대해, 특히나 정신대 할머니들과 강제징용자에 대해 깊이 사과하고 정신적 물질적 배상을 하라. 우리 분단 고통의 씨앗도 당신들이 뿌렸잖았나? 운운.'

일인들 답변인즉

'당신 참 이상하군. 당신네 정부는 아무말도 않는데 당신이 유독 불켜져 그런 부당한 말을 한다요?

이게 바로

군국주의 국수주의 일본의 참모습

임종국의 친일파연구의 절대타당성이 입증되는 대목이다

이승만은 1946년 6월3일 정읍에서

남한 단정 수립을 선언했다

이 분단 선언은

미국과 친일파의 강력한 뒷받침에서만 가능했다

3일후

여운형과 김규식은

좌우합작과 남북 통일임시정부 수립을 촉구했다.

이승만이 대한민국 건국에서

친일파를 제거하고 일제잔재를 청산했더라면

6 · 25 동족상잔도 없었고

50년 분단도 있을 수 없다

8 · 15해방 후
겸손히 물러나 배족죄를 뉘우치며 자중했어야할 친일분자들이
저들 개인의 생명 연장을 위해
공산당 타도를 외치며 애국자로 돌변
미군을 등에 업고 이승만을 떠받들어
반공독재정치를 강행했다
반일 애국 자주 세력을 공산당으로 몰아
마구 잡아 죽이든가 가뒀다
현재 교도소에는 그때 갇힌 30년 이상 장기수가 수두룩하다
특히 김선명은 놀랍게도 45년째 독방에 갇혀있다
순전히 친일파의 소행으로
이런 엄청난 인간비극이 벌어졌다
역대 정권의 반공정책의 뿌리는
바로 천황제 일본이었다

현하, 우리 사회에는
아버지도 아들도 죽이는 살인광들이 득실거린다 날뛴다
세금도둑, 부정부패, 각종 비리, 수뢰, 폭행, 사기, 마약, 도박, 등 악풍조가 만연하다
외래 구정물문화가 청소년을 망친다

인성은 극도로 타락해 도덕도 윤리도 땅에 떨어졌다
언론은 눈도 귀도 멀고 사상 유례없이 썩었다
북 · 미 핵협상 보도를 보라
이만섭 의원 발언과 대조해 보라
이 모든 현상도
일본이 씨뿌린 반공교육의 후과다 독버섯이다
반공교육은, 바로
반공을 빙자한 민족성 말살 반인간교육이었기 때문이다
반공교육은 역사시계를 거꾸로 돌려 놓았다
우리는 오늘
미군은 50년이면 지나치게 족하니 모셔보내야 한다
반통일 악법인 국가보안법은 없애야 한다
몰타선언 정신에 따라 냉전사고를 과감히 청산해야 한다
친일 친미를 거두고 자주정신으로 돌아와야 한다
반공교육을 그만두고 홍익인간 통일교육을 펼쳐야 한다
이런 기초 위에서만
참된 세계화도 자주통일도 앞당겨진다

무궁화 한 울타리 안에서
남북 형제는 지난 반세기 동안 눈에 핏발을 세워

밤낮없이 치고 받는 헛수고를 했다
천문학적 혈세는
형제를 죽이는데 쓰였다
세계로부터는 지구상 유일한 분단국가라는
조롱과 멸시를 받고 있다
단군 할아버님은 호령하신다
'고현지고! 나 언제 갈라진 국토를 물려주었든고.'
뭇선열들의 질책은 준엄하다
'얼빠진 몰골 당장 바로잡으렸다!'
격노한 백두대간은 불그락 푸르락 용틀임을 친다
인제 남과 북은
명분이야 어떻든, 서로
한발짝씩 물러서서
용서하고
아량을 베풀고
너그러이 포용해
대의와 진리 앞에
무엇보다도 민족의 이익과 행복 앞에
겸허히 머리를 숙여야 한다
그리하여
한 국가 안에 자본주의와 사회주의가 공존한다는
새 역사를 열자
민족의 최고 대의는 통일이거니

민족 대통일을 향해
남북 칠천만은 손잡고
힘차게 나아가자

(1995. 5. 수원에서)

우리 겨레와 세계 인류 최고의 공통 언어 - '평화와 통일을 여는 사람들' 발족 1주년에 즈음해

삼풍백화점 붕괴 참담힌 굉음을 들으며……

인류의 천재들이, 아니 민초들이
평화를 갈구하고, 절규했음에도 불구하고
평화를 위해 싸우다 노력하다 단 하나뿐인 목숨을 번번이 바쳤어도
인류사에는, 지구상에는,
평화의 날보다 전재의 날이 더 많았다
예수는 유대민족의 통일을 위해
인류의 평화를 위해,
'네 원수를 사랑하라' 고 절규하며
골고다의 언덕에서 부활했다
소크라테스는 진리와 평화를 위해
기꺼이 독배를 마셨고
갈릴레이 역시 사형 선고를 받고도
진리와 행복을 추구해
'그래도 지구는 돈다' 고 나직이 갈파했다
민영환도

안중근도
나라의 자주독립과 평화를 위해
목숨을 바쳤고
유관순도 신채호도 이회영도 기타 수많은 일제 독립투사들도
민족의 자주독립과 평화를 위해
고귀한 목숨을 초개같이 던졌다
전태일 김상진 김세진 황정하 박종철 조성만 이한열 강경대 등 많은 민주열사들이
나라의 민주화와 통일과 평화를 목터져라 외치며
분신 할복 투신 타살돼
꽃같은 젊음을 조국의 제단에 바쳤건만
1995년 7월 현재
나라의 민주화도 통일도 이룩하지 못했고
42년간 지속된 정전협정은 평화협정으로 대체되지도 못하고 있다
바꿔말하면
남북의 전쟁상태는 일시 멈추고 있을 뿐
완전 평화상태는 아니란 말이다
남북 분단 50년!
한숨과 피눈물의 반세기!
끔찍스러워
치가 떨려

말문이 막혀
단군 큰어른의 호령이 들리지 않는가
뭇 선열들의 노성이 귀청을 찢지 않는가
뭣 때문에
이런 엄청난 민족비극이, 분단모순이 이어졌단 말인가
대답은 아주 간단하다
희대의 악법인 국가보안법 존속 때문이다
1989년 가을
지중해 연안 몰타에서
미국 대통령 부시와 소련 수상 고르바쵸프는
동서 냉전해소를 엄숙히 선언했다
달리 말하면
세계 평화를 선언했다
그 당시
우리 노태우 대통령과 북쪽 김일성 주석도
의당, 남북 냉전해소를 선언했어야 옳았다
그런데 그 옳은 합의를 이끌어 내지 못했다
당시 군사정권으로서는 딴 도리가 없었을 것이다
김영삼 문민정부 출범 초기의 사정과 개혁은
참으로 놀라웠다
국민 대다수의 박수 갈채를 받기에 충분했다
헌데,

시간이 지남에 따라
사정과 개혁은 차차 빛이 바래지더니
2년 반이 되는 오늘에는
완전 도루묵이 되고 말았다
얼마전 김대통령은 외국 기자들 앞에서
국가보안법은 철폐하지 않겠다고 언명했다
우리는 엊그저께
지방자치제 4대선거를 치렀다
선거 결과는 집권당의 참패였다
왜 여당이 참패했는가?
역시 대답은 간단하다
국가보안법을 철폐하지 않았기 때문이다
국민의 99%는 은연중
남북통일을 염원하는데
그 염원을 가로막는 악법을 유지하겠다니
국민이 어찌 그런 정부를 지지하겠는가
만일, 김대통령이 지방선거를 앞둔 중요한 시점에서
국가보안법을 철폐하고 남북 통일에 힘쓰겠다고 언명했더라면
이번 선거에서 민자당은 압승했을 것이다
다행히 여당 수뇌부가 국민의 심판을 겸허히 받아들이겠다고 약속했으니
금후 지켜볼 일이다

우리 나라는, 작금

세금 도둑, 혈세낭비, 교육부정을 비롯한 각종 부정부패, 비리, 마약, 폭력, 도박, 사기, 청소년 탈선범죄, 지존파, 온보현 등 집단살인자들, 박한상 김성복 등 아버지를 죽이고도 태연한 패륜범죄자들, 가스폭발, 다리, 아파트, 백화점 등이 연달아 와장창 무너지기 등

숨쉴 새 없이 대형참사가 꼬리를 문다

이건 도대체 왜 이럴까

다름아닌, 50년간 반공교육을 실시한 후과다

반공교육은 실은 반공을 빙자한 반민족, 반인간교육이 아니든가

일찌기 3·1만세운동을 동정하고 도운 캐나다 출신 스코필드 박사는

60년대 중반 박정희 반공군사정권에 의해 추방당했다

그때 그가 남긴 말은 의미심장하다

"현재 한국은 도의정신이 완전히 땅에 떨어졌다."

역대 독재군사정권하의 친일파 교육입안자들은

북쪽 형제를 비인간으로 묘사

반공교육에 열을 올렸다

그 결과, 오늘

우리 인간성과 사회 토대의 총체적 붕괴가 초래됐다

그 치유도 역시 자명하다

외세는 정중히 모셔보내야 한다

국가보안법은 번개같이 철폐해야 한다
반공교육을 당장 그만두고 홍익인간 통일교육을 실시하면 만사형통이다
큰뜻 드높은 '홍익인간' 은
성조 단군께서 펴신 개국정신으로
불교의 자비
유교의 인
기독교의 박애를 포괄한
세계 최초 최고의 교육이념임을 자부한다
'평화'
이 말은 우리 겨레와 온 인류의 염원을 담은 세계 최고의 공통어다
이 '평화' 한마디로 지구를 수십번 파괴할 힘을 지닌 6만여 개의 핵무기 위력을 반드시 무력화시켜야 한다
'통일'
남북 7천만의 간절한 비원이 담긴 이 한마디로
삼팔 장벽을 먼지처럼 날려보내고
남북 형제는 기어코 얼싸안아야 한다
자, 감격의 태풍 그날을 향해
목청 가다듬어 축배를 들자
"위하여!"
'평화와 통일을 여는 사람들' 이여
힘을 내자

신념을 갖자
떨쳐 나서자

(1995. 7. 1.)

큰 별 애국자의 발자취를 더듬어
-신채호 선생 회고 문학제에서

청원땅 고두미마을 채호 소년네는
쑥죽으로 끼니를 때울 만큼 가난했다
뒷날, 단재는 새해맞이 글에서
'우리집은 아무 소유도 없었다. 소유가 있다면 오직 고통뿐이었다. 나도 고통의 인생이었다. 내게는 떡국도 없었다. 딱총도 없었다. 지금도 마찬가지. 무엇으로 새해를 맞이하랴.' 라고 회고했다.
그는 가난했지만
재주만으로 볼 때
'재주 부자' 였다
8세 때
5언 2절 한시를 썼고
9세에 통감을 해독했고
10세에 행시를 썼고
13세에 4서3경을 독파했다
15세 무렵까지 인근 마을에서 『국조명신록』, 『왕조실록』 등 한학 신구 서적을 모조리 읽어 치웠다
채호 소년은 일찍부터

'작은 나' 와 '큰 나', '작은 집' 과 '큰 집' 을 구별할 줄 알았다

'큰 나' 를 위해

독서하고 고민하고 분발했다

'큰 집' 즉 나라와 겨레를 위해 헌신할 것을 결심

19세에 성균관 입교와 동시에 독립협회에 가입하고 단발을 결행했다

외세에 맞서 항일성토문을 발표하고 역신 이하영의 매국흉계를 규탄했다

을사보호조약에 대항해 장지연에 이어 '시일야 방성대곡' 을 발표해 만인의 심금을 울렸다

시로 사론, 독사신론전기, 담시 등 자유분방한 필치로 국민을 계몽 분발케 했다

신민회, 청년학우회 등을 조직 기우는 조국을 떠받치려고 안간힘을 썼다

1910년 중국으로 망명 광복회, 동제사 등을 조직하는 한편 신문을 발간해 독립사상을 고취했다

1918년 2월, 만주 동3성 무오독립선언을 기초했고, 봉천에서 주일보와 진광신보 발간을 준비하다가 상해임시정부 수립에 참여했다

1919년 4월 11일 오전 10시경부터

상해 불란서 조계내 임시의정원에서는 임시정부 수반 선출을 시작했다

신석우가 이승만을 천거하자

의정원 의원 신채호는 대노했다

“이승만은 3.1운동 직전 조선위임통치를 주장한, 이완용보다 더한 역적이다. 이완용은 있는 나라를 팔아 먹었지만 이승만은 아직 나라를 찾기도 전에 팔아 먹은 놈이다.”

라고 열기를 토하고 퇴장했다

1923년 1월 의열단을 결성 조선혁명선언을 발표했다. 국민대표자회의에 참석하고 임시정부 창조파 맹장으로 활약했다

1925년 동아일보에 ‘전후삼한고’, ‘조선역사상 일천년래 제일 대사건’ 등을 발표

1927년 신간회 발기인이 되고, 남경에서 개최된 무정부주의동방연맹 발족대회에 참가 선언문울 작성했다.

지나, 만주, 연해주, 해삼위 등지를 동분서주 조국독립운동에 주야 헌신분투하던 중 1928년 5월 대만 기륭항에서 일경에 잡혔다

혹독한 야만적 고문에도 목숨을 내놓고 지조를 굽히지 않았다

1931년 조선일보에서 ‘조선사’와 ‘조선상고문화사’를 연재했다.

1995년 12월 현재

조국 분단 50년을 맞아
반쪽 나라의 뿌리, 줄기, 잎파리, 할것없이
온통 썩고 썩어 문드러져 고름바다가 된 오늘
천성적 시인이요
선각적 언론인이요
애국적 사학가요
열렬한 독립운동가요
독특한 혁명가였던
천재 신채호를 뜨겁게 정겹게 회고한다
그가 만일 오늘 살아있다면
우리들에게 어떻게 가르쳐 줄까
"당장 국가보안법을 철폐하라!"
"당장 통일정책을 실시하라!"
고 노호할 게 뻔하다
우리들이 오늘
일세를 웅비하던 대 신채호를 이렇듯 현양함은
바로 나라사랑 겨레사랑이요
남북 통일을 다짐하는 굳건한 의지려니
단재 신채호 선생이시여
영계에서도 부디 끊임없이
우리들에게 지혜와 용기와 희망을 북돋아 주옵소서

(1995. 12.)

높은 예술의 푸른 봉우리

-민예총 96전국예술인대회에 부쳐

용문산 천년 은행나무를 본다
튼튼하고 기름진 터전
깊은 뿌리를 내렸구나
마의태자의 마른 지팡이가 저렇듯
굵고 높은 줄기
야무지고 긴 가지
살아 숨쉬는 푸른 잎새
늠름히
당당히
하늘을 받들어
천년 풍상은 말한다
보았노라
싸웠노라
이겼노라
아, 조국 분단 51년
우리는 못난 후손
부끄러워 통곡하며
선현의 글을 펼친다

태산이 높다 하되 하늘 아래 뫼이로다
오르고 또 오르면 못 오를 리 없건만
사람이 제 아니 오르고 뫼만 높다 하더라

그땐
꿈나무는 자르지 않았어
오늘
꿈나무를 자르는 자 그 누구냐
민예총은 역풍을 제치고 꿈나무를 키워
오르고 또 올라 여기까지 왔건만
희망봉도
통일봉도 아직은 멀다
민예총이 가는 길은 겨레와 역사의 길
터전을 태산 밑뿌리마냥 다져야 하거니

정태춘은
목청으로만 노래부르지 않았다
온 정신 온 몸으로 싸우며 노래불러
신학철은
붓으로만 그림을 그리지 않았다
온 정신 온 몸으로 싸우며 그려
실로, 모든 민예총 예술인들은 드높은 예술혼을 떨쳐

싸웠노라
이겼노라
오늘의 영광을 얻었다

오늘 우리 눈 앞에 보이고 들리는 모든 것은
인륜과 도덕을 거슬러
역사와 겨레를 저버려
아들이 아버지를 죽이고
여중생이 교실에서 아기를 낳고
가짜 예술은 판을 쳐
사회는 병들고 썩었다
언론도 썩고 썩어
사회의 목탁을 동댕이쳤다
세상은 고름바다
우리 민예총 예술인들이여
썩지 말아야 한다
맑아야 한다
싱싱해야 한다
똑바로 보아야 한다
천년 은행나무의 저 푸르름
민족 · 민중 예술의 높고 푸른 봉우리
조국통일의 백두 천지에 올라
싸웠노라

이겼노라
하늘 높이 외쳐댈
장한 내일이여
민예총 만세!
조국통일 만세!

(1996. 10. 19.)

법을 바로잡아 대통일의 새벽을 열자

- 악법반대 범대위 대회에 부쳐

판문점 남측, 북측 사이 시멘트 바다엔
너비 10cm 정도의 하얀줄이 그어져 있다
그게 바로 '원한의 삼팔선' 이다

1997년 2월 25일 정요께
대통령취임 4주년 기념식을 마치자 대통령전용 헬리콥터는 판문점을 향해 날았다
남쪽 김영삼 대통령은 그 삼팔선을 돌파했다
같은 시각
북쪽 김정일 비서도 그 삼팔선을 짓밟았다
김대통령: "반갑소! 통일합시다!"
김비서: "암! 통일합시다래!"
둘은 얼싸 안았다
50년 기다렸던 통일은
이렇듯 간단했다
겨레의 50년 체증이 팍 뚫리는 소리
파천 초특종 역사전변!
전파는 전지구에 타전했다

TV는 전세계에 방사했다

나는 오늘 새벽 세 시 반에 눈을 뜨자 이런 환상에 사로 잡혀 더는 잠들 수가 없었다

하늘을 떠받드는 백두 성산 원뿌리에서
백두대간은 남으로 호용쳐 내달아
천하명산 금강 설악을 장엄히 수놓고
망망 대해에 우뚝
한라산은 드높이 치솟았다
저 백두
저 뫼줄기
저 한라는
만고에 청청 의연하건만
나라 기둥을
백두대간 한복판에 세우지 않고
외풍 타는 비탈에 세운 게
탈이었다
먼지털 인간의 못된 짓거리로
나라 찢겨 52년이라
지구상 하나밖에 남지 않은 부끄러운 반쪽 나라
한숨과 통곡과 아우성은
삼천리 애간장을 찢고 찢는다

단군 어른과 선열들의 등등한 노성

'미욱한 후손들아! 썩들 정신 못 차릴꼬?'

쩌릉 산하를 울린다

오늘, 저 높은 자리마다

진정한 애국자가 있는가

진정한 정치지도자가 있는가

지난해 12월 26일 새벽 6시 5분경

신성한 국회의사당에서 저질러진

무모한 날치기 돌파는 어떤 오산에서 벌어졌는가

80년대 강인한 투쟁을 통해 각성되고 단결된 노동계급의 애국역량 민주역량을 계산에 넣지 않았기 때문이다

자유당독재 유신독재 어두운 시절이라면 몰라도

90년대 후반 민주주의 밝은 대낮에

무슨 망령된 날치기냐

분연, 이에 대항한

민주노총과 보수노총의 활화산같은 투쟁예술에, 뭇 진보인사들의 결연한 나라사랑 육성에,

온 국민은

환호와 박수를 아끼지 않았다

악법의 무모한 돌파는

애국 애족 역량의 된매를 맞아

급기야 다시 개정 심의에 들어간단다
만에 하나 또 다시 역사와 겨레의 열망을 거스른다면
거대한 애국 민주역량은 결단코 용서치 않으리

문민통치 4년
집권 초기 약간의 낭보가 있었지만 곧 도루묵이 되고 말았다
그 후 그 이름 문민에 걸맞는 어떤 쾌보도 없었다
시대착오적 냉전의 망령만이 판을 칠 뿐
민주화나 통일 같은 기본문제에서는
되레 지난 시기보다 훨씬 더 후퇴했다
국가보안법과 안기부법은 민주화와 통일을 가로막는 최대 악법인데도
폐기는 커녕 더 기세 등등해
두 악법이 폐기되면
외세는 어쩔 수 없이 떠나가야 한다
이건 인심이요 천심이다
안기부법은 집권 초기 눈꼽만큼 바로 잡았던 것을
날치기통과로 도루묵을 만들었다
경제의 적자를 해소할 목적으로
새 노동법을 만들었다지만
정리해고제니 대체근로제니 복수노조 금지니 삼자개입금지 따위로

경제지수를 높이려는 발상은
애당초 연목구어다
우리 노동자들은
국민 중 어느 계층보다도 애국적이요 헌신적이요 선진적이다
그들의 애국 애족 선진 정열을 십이분 발휘하도록
따뜻한 형제애로 감싸주고 이끌어 줘야
경제지수가 오른다

우리 역대 정권은
지난 반세기 동안 국가보안법에 기초한 잘못된 반공교육으로 일관했다
진정한 애국자, 선구자, 민주주의자, 반외세독립투사, 혁명투사들을
빨갱이, 공산주의자, 용공분자로 몰아
죽이고 가두고 제거했다
그 결과
오늘의 살인적 사회악이 독버섯처럼 돋아났다
오늘은
정치, 경제, 사회, 교육, 문화, 민주화와 통일문제 등에서 악의 검은 꽃만이 피고 피어
나라 안은 온통 비인간화 시궁창이다
치자들은

지금 당장 국가보안법과 안기부법 등 악법을 폐기하고

반공교육대신 단군의 홍익인간 교육으로 돌아가야 한다

단군 어른은

석가도 공자도 예수도 태어나기 훨씬 이전인 아득한 옛날에 '널리 크게 인간을 이롭게 할지어다' 라고 가르쳤다

단군의 홍익인간 가르침은

석가의 자비, 공자의 인, 예수의 사랑, 맑스의 계급마저 아우르고도 남는 참으로 지혜롭고 위대한 인류 최초의 가르침이다

위대할사!

단군의 홍익인간 정신이여

우리의 치자, 교육자들은

하루 바삐 단군의 홍익인간 가르침을 펼쳐야 한다

그것은

자유와 권익이 보장되고

남북 형제가 얼싸 안고 하나 되는 길이요

우리 백의민족의 영원한 평화와 번영을 보장하는 길이다

근로자들의 권익이 보장되고 생산지수도 높이는 새

노동법을 제정하라!

안기부법 국가보안법은 민족의 백년대계를 위해 폐기하라!

(1997. 2. 20.)

투쟁예술로 조국통일을 완수하자

- 민주주의 민족통일전국연합 대의원대회에 부쳐

여러분은

80년대 6월항쟁을 정점으로 각성되고 단련된 투사들이요

90년대 초 동구 사회주의정권 붕괴라는 외적 여건에도 불구하고 80년대 선배들의 투쟁정신을 이어받은 새로운 전사들입니다

"여러분은 지금 왜 이 자리에 모였는가?" 라는 질문에

대답은 간단합니다

"우리사회의 민주화와 조국통일을 위해서 입니다."

정당은 정권을 잡기 위해 활동하는데 비해

여러분의 재야활동은 순전히 애국 애족 충정의 발로에서 입니다

얼마나 값진 헌신입니까

이런 의미에서

여러분은 오늘날 이 나라의 무명 애국자들 입니다

나는 8 · 15해방을 맞았을 때

일제 36년이 무척 긴 세월같이 느껴졌습니다

그런데 오늘 남북분단은 무려 52년입니다 일제 36년 보다도 16년이나 더 긴 반백년 세월이 아닙니까

8 · 15때 한 시인은

'삼각산이 덩실덩실 춤을 추고

한강물도 너울너울 춤울 춘다' 고 노래했습니다

오늘 만일 갑자기 남북통일이 된다면

오늘의 시인들은

'백두산이 덩실덩실 춤울 춘다

천지도 너울너울 춤울 춘다' 고 노래해야 겠지요

분단 52년!

흑발이 백발이 되고

동안이 노안이 된

긴 통한의 세월입니다

누구의 무엇 때문에

우리가 왜 이렇듯 혹독한 분단의 죄값을 치러야 합니까

원죄는 누가 저질렀느냐

기필코 카인을 찾아내야 합니다

나는 지금 이 자리에서

분단의 원인과

그 얼키고 설킨 과정을 따지려는 것은 아닙니다

다만, 분명한 점만은 짚고 넘어갈까 합니다

분단의 원흉은 이승만과 친일도당입니다
분단의 피세월이 50년을 넘는 것은
미군 주둔과 국가보안법 탓입니다
우리 역대 정권은 이 두가지 조건을 등에 업고
반공교육을 실시하여 오늘에 이르렀습니다
반공교육은 기본적으로 반민족 비인간화 교육입니다
그 결과
분단은 철벽으로 굳어지고
지존파, 온보현, 박한상, 김성복, 막가파와 같은 역천 살인마가 생겨났고
강도, 마약, 성폭행, 도박, 사기, 청소년 탈선범죄, 삼풍백화점과 성수대교 붕괴, 은행 대출비리, 지하가스 폭발 등을 거쳐 급기야는 정부인사까지 연루된 한보비리라는 대형악에 이르렀습니다
지금 우리 사회는 거대한 시궁창입니다
국제화 세계화 선진화 정보화 구호에도 아랑곳 없이
경제지수는 하강을 거듭해
아우성입니다
김대통령은 대통령 취임사에서
'민족은 어떤 동맹국보다도 우선한다' 는 훌륭한 말을 했습니다
그러던 것이
미국이나 일본의 지도자를 만나서는 핵문제 식량문제

등에서
북쪽 목조르기를 서슴치 않았습니다
북쪽도 같은 단군 후손이요 같은 백의 형제입니다
뜨거운 동포애로 끌어안고 진심으로 도와야 합니다
저쪽은 사회주의니니 싹은 잘라야 한다는 시대착오적 냉전논리는 버려야 합니다
통일하는데 이념이 무슨 상관입니까
이념도 세계화 선진화가 돼야 합니다
일본과 미국에도 공산주의자가 있고
중국과 러시아에도 자본주의자가 있습니다
통일하는데 이념이 무슨 방해가 된다는 말입니까
이념의 벽을 박차 부수고 그 벽을 넘어야 합니다
귀순자나 남하가족을 정치선전물로 이용해서는 안 됩니다
반공교육을 폐지하고 단군의 홍익인간 교육으로 돌아가야 합니다
반통일 악법은 철폐하고
미군은 모셔 보내야 합니다
그래야만이 통일이 가능합니다
이제 국회에서는
온 국민의 요원의 불길같은 반대에 부딛혀
노동법과 안기부법을 다시 심의할 것입니다
노동법은 반드시 노동자들의 권익이 보장되도록 개정

하고
안기부법과 국가보안법은 아예 폐기하도록
온 국민은 일떠서서 싸워야 합니다
지난번 민주노총의 투쟁예술을 본받아야 합니다
존경하는 대의원 여러분!
우리 사회의 민주화와 조국통일을 위한 성스러운 싸움에서
여러분은
선두에서 열렬히 싸울 것을 믿어 의심치 않습니다
여러분의 건강과 건투와 승리와 행복을 빌어 마지 않습니다
민주주의 민족통일 전국연합 만세!
사회의 민주화와 조국의 자주통일 만세!

(1997. 2. 22.)

조국통일 제단에 빛나는 영광스러운 이름들 - 제8회 민족민주열사, 희생자 범국민추모제에 부쳐

한강물을 삼각산 꼭대기로 흐르게 할 수 있습니까?
낙동강물을 손바닥으로 막을 수 있습니까?
이건 둘 다 불가능합니다, 안됩니다
이 불가능을 가능케 하려고 발버둥치는 억지꾼들이 있습니다
이런 억지꾼들이 지난 반세기 동안 이 땅을 쥐락펴락 했습니다
그들은 민족의 이익을 저버리고 외세를 등에 업고
이 땅에 온갖 불행과 비극을 빚어냈습니다
온 겨레의 한숨과 눈물을 쏟게 했습니다

일제시기 독립 해방 애국 선열들의 반일 반제 해방투쟁은
우리나라 근대사뿐 아니라 세계 해방투쟁사에서도 굵직한 글자로 기록됩니다
그러나, 그 반일 독립투사들이
우리 대한민국에서는 발붙일 한 치의 땅도 없었습니다

이건 잘못돼도 한참 잘못되었습니다

대한민국의 첫 단추는 이렇게 잘못 끼워졌던 것입니다

그 잘못 끼움이 오늘까지 이어져 왔습니다

6.25동란 전후 시기, 빨치산 토벌을 빙자해 수 많은 양민을 학살한 사실은 가장 가슴 아픈 대목입니다

그들 무명의 영령에 대해 경건한 추모의 인사를 보냅니다

이들은 반드시 명예회복이 돼야 합니다

제주 4 · 3항쟁, 6 · 25동족상잔, 1960년 위대한 4월 혁명투쟁을 시발로, 조작되었지만 선구적 통혁당사건과 인혁당사건, 70년대 80년대 학생운동을 선도한 민청학련사건, 전위적 남민전사건, 유신독재에 직접 반기를 든 부마투쟁, 역사적 대전환을 가져온 장엄한 광주 5월항쟁과 비장의 절정 분신항거에 따른 6월 대항쟁, 참신한 사노맹사건, 기타 각종 반독재 반제사건 등의 민주화, 통일투쟁은 잘못된 분단사를 바로잡으려는 피어린 영광스러운 해방투쟁이었습니다

이 과정에서 수 많은 인재들이 학살되고 갇히고 사형당하고 병신, 폐인, 폐가가 되고, 분신, 투신, 고문사, 타살, 의문사 했습니다 특히 1975년 4월 9일 신새벽, 조작된 인혁당사건의 지도급 인사 이수병, 서도원, 도예종,

하재완, 김용원, 우홍선, 여정남, 송상진 등 8명을 전날의 판결대로 부랴부랴 사형을 집행한 사실은 박정희 군사독재정권의 천인공노할 반인륜적 최대의 죄악이 아닐 수 없습니다

1970년 11월 13일

피복노동자 전태일의 역사 초유의 분신자살 항거는

우리나라 노동해방운동에 큰 획을 그은 비장무비한 장거였습니다

1975년 김상진의 할복을 거쳐

1980년대에서 1990년대 초까지 이어진 홍기일, 이동수, 김세진, 이재호, 박영진, 박래전, 송광영, 김기설, 박승희 등은 역사상 유례없는 목불인견 비장한 분신으로 항거했습니다

김의기, 황정하, 김경숙, 박종철, 박창수, 조성만, 이한열, 강경대, 이내창, 이철규 등은 투신사, 고문사, 의문사, 타살에도 의지를 굽히지 않고 정의와 민족해방의 길을 꿋꿋이 걷다가 부활했습니다

이렇듯,

독재타도를 위해

민주통일을 위해

단 하나뿐인 고귀한 목숨을 초개같이 내 던져 조국의 제단을 빛낸 민주투사는

현재 삼백 스물 한명으로 집계되어 있습니다

그 장렬, 비감, 애절함은
세계 투쟁사에서도 그 유례를 찾아보기 어렵습니다
아, 슬퍼라! 겨레의 꽃들이여!
가슴이 찢어집니다
무엇으로 그대들의 혼을 달래 주랴
산천에 물어도
대답은 없구려
허나, 저들은
민주화와 조국통일의 초석이 되었습니다
꼭 복권되어 명예가 회복되어야 합니다

역대 독재정권과 문민정부의 잘못된 대북정책으로

남과 북은 52년간 갈라진 채 그 추한 몰골을 전세계에 드러내 놓았습니다

지구상 유일한 분단국가!

부끄럽습니다

한스럽습니다

세계 최초로 위대한 홍익인간 가르침을 펼쳐주신 단군할아버님의 호령이 들리지 않습니까?

"미욱한 후손들아, 내 언제 갈라진 나라를 물려주었느냐, 동강난 추한 꼴을 당장 거두어 들이지 못할꼬"

반일독립투사들의 단호한 노성이 귀청을 울립니다

민주, 통일, 투사, 열사들의 우렁찬 외침이 자지러져

라 울려댑니다
이런 꾸짖음에 대해
우리는 얼굴을 들 수 없습니다
이 땅의 진보적 애국자들은 어디에 있습니까?
지하에 있습니다
감옥에 있습니다
뒷골목 그늘에 있습니다
지금 감옥에는 58명의 장기수를 포함해
1천 5백여 명의 양심수가 갇혀 있습니다
이들은 오로지 조국의 민주화와 통일을 위해 싸운
참다운 애국투사들입니다
오늘의 마녀사냥꾼들은
애국, 민주, 통일운동의 큰 맥인 범민련과 한총련을 이적 딱지를 붙여 싹쓸이 했습니다
과거 군사정권 때도 전대협에 대해 이렇게 하지 않았습니다
민주주의 밝은 대낮에 이건 도대체 어찌된 일입니까?
학생들은 언제나 그 시대에 앞서 가는 꽃입니다
그 꽃들의 의견을 들어주지는 못할망정
헬리콥터까지 동원해 감옥에 처박다니
강권은 천심도 인심도 아닙니다
한총련은 백만 학도의 대표 조직입니다
백만 학생을 이적으로 몰고

어떻게 사회질서를 잡아간단 말입니까?
설사, 일부 학생들이 젊은 혈기로 약간의 잘못이 있다 하더라도
끝까지 사랑의 매로 다스려야 합니다

애당초, 한총련 출범식을 왜 원천봉쇄 했습니까?
학생 대표가 8 · 15통일행사를 위해 판문점으로 가겠다는 것을 왜 번번이 막았습니까?
세계화를 그렇게 떠들면서도 쿠바세계청년학생대회에 왜 못가게 했습니까?
그들을 보내는 것이
민주주의를 위해
대한민국을 위해
남북통일을 위해
얼마나 좋은 일입니까
요즘 여야 일각에서 전, 노씨에 대해 사면 운운합니다
그렇잖아도인데, 정녕 그렇다면
범민련 관련자들과 한총련 학생들과 모든 양심수들을 모조리 당장 풀어 줘야 합니다
그들은 민주화와 통일을 주장한 것밖에 아무런 죄가 없습니다
동족을 적으로 모는 국가보안법은 지체없이 폐기돼야 합니다

1997년 9월 6일 현재
우리 대한민국 문민정부에는
50년전의 동서냉전이 고스란히, 완벽하게, 철저하게, 되살아 있습니다
이것은 역사의 엄청난 후퇴요 모독입니다
통일 기운을 깡그리 죽여버립니다
1989년 지중해 연안 몰타에서
미국대통령 부시와 소련대통령 고르바쵸프는
동서냉전 해소를 선언했습니다
씨원했습니다
통쾌했습니다
그때, 냉전 악법인 국가보안법은 의당 철폐됐어야 했습니다
그런데, 그 해소된 냉전 유령이 우리 대한민국에서는
완전무결하게 살아 활보하니
이런 불행이 또 어디 있단 말입니까?
이건 하늘의 순리가 아닙니다
역사의 발전이 아닙니다
4천만 국민의 뜻이 아닙니다
오늘 우리 대한민국은 정치, 경제, 문화, 사회적으로
엄청난 혼란과 위기를 맞고 있습니다
저는 여든 한 살의 인생 체험을 걸고,
민족시인의 이름을 걸고,

감히 말합니다
그 위기의 원인은
남북분단 때문입니다
반공교육 때문입니다
국가보안법 때문입니다
통틀어, 외세 의존 때문입니다
우리 대한민국이 오늘의 난국을 타개하고 무궁한 발전을 기하려면
이 네 가지 원인을 제거하는 대신
남과 북은 하나가 되어야 합니다
외세는 감사한 마음으로 모셔보내야 합니다
50년간 분단비극을 겪어온 남북문제를 풀기 위해서는
남쪽은 자본주의, 북쪽은 사회주의라는 케케묵은 2분법이나 흑백논리, 기계론으로는 풀 수 없습니다
민족의 이익과 자주성이라는 기본틀 위에서
서로 용서하고 서로 동포사랑을 드높여야 합니다
주변국들의 정치역학을 절절히 활용하는 지혜가 필요합니다
김영삼 대통령께서는, 이제
통일 우선정책을 펼쳐
문민정부 말미를 빛냄과 동시에
후세에 통일대통령으로 길이 남을 것을

진심으로 기대해 마지 않습니다
남쪽 50세 이하 젊은이들은 태교에서부터 반공교육을 받아왔습니다
그런 젊은이들이 지금 북 돕기에 두 팔을 걷어부치고 나섰습니다
진리의 깨달음을 끝내는 막지 못하나 봅니다
참으로 갸륵하고 흐뭇합니다
이는 곧 통일운동입니다
편지운동, 상봉운동으로 이어질 것을 믿어 의심치 않습니다

독립 애국 혁명 선열들과 민족민주 자주통일 열사 희생자들이여!
그대들의 거룩한 피흘림으로, 아니 부활로,
조국의 자주 민주 통일의 터전은 마련되었습니다
그대들이 물려준 정신적 유산은 막강합니다
우리들의 가슴은 그대들의 높은 뜻을 이어받아 정의와 진리와 민족민주자주 사랑의 불꽃으로 가득차 있습니다.
우리들의 정신적 힘은 넘쳐 흐릅니다.

우리들은, 늦었지만 이제
전국민의 이름으로

그대들을 명예회복시켜 드려야 한다고 생각합니다
그대들은
공비가 아니었습니다
폭도도 불순분자도 아니었습니다
좌경분자 용공분자 빨갱이 공산주의자는 더욱 아니었습니다
그대들이야 말로 가장 순수한 단군님의 아들딸이었습니다
청정 무구한 애국자들이었습니다
그럼에도 불구하고 갖은 누명을 뒤집어쓰고 오늘까지
중음신으로 떠돈다는 것은 천부당만부당 합니다
이제 그대들의 명예를 회복시켜드리는 것은
온 국민의 몫입니다
노력하겠습니다
다가올 대선에서는
그대들의 유지를 받들어
꼭 정권교체를 이룩해 참다운 민주정부를 수립하도록
온 힘 온 정성을 다할 것을 맹세합니다.
불멸의 영령들이여
내내 저희들에게 힘과 용기를 주시옵소서

(1997. 9. 6.)

묶음 둘

통일의

그대들의 이름을 목놓아 부른다

- 유가협 12차 총회에 부쳐

하늘에는 해와 별이 있고
지상에는 열사들의 이름이 있다
그대들은 분단 난세가 낳은 우리시대의 의인
지구상 동서 고금 온갖 서책을 뒤져도
님들과 같이 애통, 비장, 처절의 극치를 이룬 애국장은 일찌기 없었다
제 몸에 기름을 뿌리고 불에 달군 자
그대들 말고 또 누가 있는가
자기 몸이 지글지글 타들어가는데도
전태일은 태연자약 말했다
"나는 노동해방을 위해 죽는다
남은 늬들은 행복할 것이다"
이 땅 천만 노동자들은, 아니 전세계 수억 노동자들은
우리의 전태일을 향해
감사의 절을 수백 번 올려야 한다
분단 악법을 전가의 보도처럼 휘두르는 사람들아
입장을 바꿔 놓고 생각해 보자
전태일처럼 거사한 자 어디 한번 나와 보라

어림도 없지, 없어
범인은 감히 엄두도 못 낸다

할복, 분신, 투신, 사형사, 고문사, 의문사, 타살, 행방불명 된
1970년대 열사들
1980년대 열사들
1990년대 열사들
오, 조국통일 제단에 빛나는
영광스러운 이름들이여
민주화를 위해
조국통일을 위해
그대들은 불멸의 역사를 창조했다
하건만,
나라는 갈라진 채 반백 년을 맞아
외세와 분단악법은 여전히 서슬이 푸르고
사회 구석구석은 썩고 썩어 고름바다다
소위 대통령을 하겠다고 나선 사람들은
악법 철폐와 통일 성취에 대해서는 한결같이 입을 다물고 있다
우리들은 답답한 가슴을 해소할 길이 없어
일출봉에서
천왕봉에서

경포대에서
마을 앞산에서
새날 새아침 해돋이를 바라
그대들의 이름을 부른다
12월 대선에서 기필코 정권 교체를 맹세한다
천상의 넋들이여
힘을 내려 주소서
그리고, 멀지 않아
백두산 장군봉에서
남북 칠천만이 함께 손잡고
동해 해돋이를 맞는 그날
온 겨레는 그대들의 이름을 목놓아 부르리라

(1997. 11. 15.)

역사의 바른 길

- 7 · 4 남북공동성명 26주년에 즈음해

민족분단 53년!
숨통이 꽉 막혀
한숨이 산하를 덮고
눈물이 강물을 이루었다
단군할아버지의 후손이
어쩌다가 이 지경이 되었을까?
8 · 15해방의 감격과 기쁨 속에
반일독립투사와 애국혁명가들은
자연발생적으로 자주적으로
건국준비위원회와
조선인민공화국을 창건했다
9월 8일
미군이 진주해 오자
친일경찰과 합세해
건준과 인공을 짓밟았다
이승만은 친일 배족자들과 어울려
1946년 6월 3일
남한 단독정부를 선언

대한민국 첫단추를 잘못 끼웠다
역대 독재자들은
외세를 등에 업고
겨레의 행복과 이익을 져버리고
반민족적 국가보안법을 휘둘러
반공교육을 폈다

8월 15일!(해방)
1948년 4월(남북협상)
7월 27일!(휴전)
7월 4일!(남북성명)
12월 13일!(남북합의서)
겨레의 운명이 걸린
이 뜻깊은 날짜들은
국가보안법 천지에서는
진창에 묻혀 짓밟혀 왔다
하건만,
이 위대한 날짜들은
분단 53년 모진 세월 속에서도
역사의 피를 받아 끝내 죽지 않았다
우리들은 지금
이런 날짜들의 거룩한 조각을 줏어 모아
줄기차게 생명력을 불어넣고 있다

반공교육과 국가보안법은
애국자를 비애국자로 만들고
형제를 원수로 갈라놓고
선을 악으로 만들고
정의를 불의로 만들고
인성을 말살하고
동족에 색깔을 칠해 미워하도록 강요했다
이북을 적이라 낙인찍고 통일을 외면했다
통틀어, 역사시계를 뒤로 암흑으로 돌렸다
잘못된 교육과 악법을 여의주처럼 휘두르다가
역대 대통령들은
쫓겨나고
총맞아 죽고
징역갔다
그들은 하나같이
한 · 미 · 일 공조로
북쪽 형제정권의 모가지를 짓눌렀다
경제의 온갖 고리를
미국경제의 하부고리에 꿰어 놓았다
그 결과
식량의 자급능력은 25프로에 그쳤고
공산품 원자재는 거의 전량이 대외의존

기름 한방울 안나는 나라에서 자동차 물결은 길을 덮는다
만일, 미국이 한국에 대해
블랙박스 차단 버턴을 누른다고 가정해 보라
그저 아찔할 뿐이다
우리는 왜 자립자주정신이 없는가
5천년 민족사에서
번번이 외세를 물리친 자주정신은
어디 갔는가?
단군할아버지와 역대 애국선열에 대해
머리를 들수 없다
부끄러울 뿐이다

오늘의 IMF국난은 왜 일어났는가?
한마디로, 역대 독재정권의
외세의존
예속경제 탓이다
자주정신으로 자립경제에 주력했더라면
IMF국난은 애당초 일어나지 않는다
국난은 환란만이 아니다
정신, 문화, 생활, 영역 전반은 어떠한가?
일별 개관하면
일대 위기를 맞고 있다

정신방황, 게으름, 자포자기, 무력, 희망상실, 자살, 사치, 낭비, 절도, 강도, 살인, 강간, 마약, 도박, 협박, 폭력 폭행, 성문란, 사기, 불신, 냉소, 모함, 부정부패, 횡령, 탐욕, 음란물의 범람, 언론의 부패횡포, 실직, 생활고, 인권침해, 등등

이렇듯

정신세계 물질세계의 총체적 붕괴에 직면했다

그 원인은

어디에 있는가?

반공교육 실시와

국가보안법 강행에 있다

반공교육은

반인성, 반민족, 반북, 반통일 교육이었다

반공교육과 국가보안법은

반일독립투사, 애국혁명투사, 민주투사, 통일투사들을

빨갱이, 적색분자, 용공분자, 좌경분자, 회색분자, 공산분자, 사회주의자, 친북분자로 낙인찍고

죽이고

가두고

병신만들고

일가를 파멸로 이끌었다

이 본분은 금후 반드시 재심 해명되어

그들의 명예를 회복해 주어야 한다
이러했거늘,
정권교체된 국민의 정부는
반공교육을 당장 지양하고
단군의 홍익인간교육에 기초해
참 민주교육 애족교육 자주통일 평화교육을 펼쳐야 한다

IMF국난 해결은
외국돈 꿔오는 데만 급급하지 말고
민족자주정신에 바탕을 둔
자력갱생으로 풀어야 한다
남북합의서 정신으로 풀어야 한다
남북경협 남북군축 남북통일로 풀어야 한다
남의 돈을 꿔오기만 하면
눈덩이처럼 불어나는 이자를 어떻게 감당하며
그 원금은 언제 갚는단 말인가
근검 절약과 자수성가라는 옛말에 귀를 기울여야 한다

우리의 IMF사태는
현 자본주의의 막다른 운명인가?
아니면?

그렇다고 해서
자본주의도
사회주의도 어쩐다는
단정적 2분법적 흑백논리에는
동의하지 않는다
오늘의 싯점에서
공산주의를 반대한다
자본주의가 승리했다는 말따위는
유치한 넌센스다
북쪽의 식량난과
남쪽의 IMF사태는
우리들에게 커다란 교훈을 던져준다
전세계의 시선은 지금
서울과 평양에 쏠려 있다
세계인은 지금
소련과 동구의 사회주의정권이 무너졌는데도
끄떡 않는 북쪽 형제정권에 주목한다
우리들은 지금
자본주의와 사회주의의 연금술에서 빚어지는
다원화되면서도 절제와 행복과 자랑이 넘치는
평화의 세계를 꿈꾸며
남북 대통일에 정력을 쏟는다

범민련과 한총련을 이적단체 운운하는 것은
하도 유치해서 측은감마저 든다
반공교육에 찌든 법관의 잘못된 판결은 시정하면 되지 않는가
지금이 어느 때인데
민주주의 환환 대낮이 아닌가
분단 53년에도 정신을 못 차리고
저런 잠꼬대를 내뱉다니
어안이 벙벙하다
부시와 고르바쵸프가
지중해 연안 몰타에서
'동서 냉전 해소'를 선언한 지도 십년이 가깝다
그러나, 한반도 남쪽에서는
50년전 냉전이 여전 기세등등하니
잘못돼도 한참 잘못된 세상이 아닌가
판문점 8 · 15통일축전에 범민련과 한총련을 제외한다는 것은
논리상으로나 실제상으로나 천부당 만부당 어불성설이다

저는 여든 두 살의 나이를 걸고
연륜에서 쌓여진 인생체험 사회체험을 바탕으로
확신을 가지고 김대중 대통령에게 몇가지 조언을 드

리고자 한다
인간 後廣先生의 정치경력과 승리역정에
최대의 경의와 영광을 보낸다
후광선생의 '빽' 은 미국이나 수구세력이 아니라
4천만 국민이다
4천만 국민이 건재하는 한
후광선생의 위치는 확고부동 불패의 반석이다
마음놓고 자신만만하게
오는 8 · 15에는
국가보안법을 폐기하고
범민련과 한총련에 자유를 주고
옥문을 활짝 열어야 한다
그러면, 온 나라 거리는 들끓고
조국산하는 환호의 춤을 출 것이다.
그 기세에 힘입어
통일 위업에 착수하면
IMF국난도 풀리고
남북 대통일은 거뜬히 성취되리니
그때, 역사는 기록할 것이다.
'통일대통령 김대중 만세!

(1998. 7.)

금수강산아 물어보자

- 분단53년 제9차 범민족 민족화해, 단합, 통일을위한 대축전에 부쳐

'우리들은 김대중 정권의 탄압의 숲을 뚫고 유럽과 아세아대륙을 돌아 여기 평양에 왔습니다.'

이것은 한총련 대표 김재원군과 황선양의 평양 도착 제1성이다

왜, 한총련 학생의 판문점 평양행을 번번이 막는가?

정권교체된 국민의 정부마저 막는가?

지난번 대구에서는 왜 한총련 출범을 원천봉쇄 탄압했는가?

이번 대전에서도 왜 통일선봉대 발진을 봉쇄 탄압했는가?

이건 민주주의에도 어긋나고

특히 김대중 대통령의 화려한 경력에도 어울리지 않는다

지난 날 어느 독재정권도 이러진 않았다

이번에도 또 범민련과 한총련을 판문점으로 가게하는 책동으로

모처럼의 판문점 통일축전을 무산시켰다

뿐인가, 느닷없는 준법서약을 들고 나와

초장기수들을 풀어주지 않는다
준법서약도 인권탄압이 아닌가
분단 반세기 한맺힌 세월에도
뭐가 모자란단 말이냐
형제가 갈라져 53년!
국토가 찢겨 반백년!
그날의 동안 흑발이
오늘은 노안 백발이라
금수강산아 물어보자
도대체 어찌된거냐
우리들은 지금
왜 여기 이렇게 모여
울분을 토해야 하느냐?
우리의 역대 정권이
역사의 시계를 거꾸로 돌렸기 때문이다
50년전 냉전 유령이 되살아났기 때문이다
국가보안법이란 놈이 망국 행패를 일삼았기 때문이다
역대 통치자들의 친외세 반공 악정 때문이다
통틀어, 이승만이 나라의 첫단추를 잘못 끼웠기 때문이다.
이승만은 친일 친외세 내각을 구성하고
진정한 애국자들을 모조리 공산주의자로 몰아
죽이고

가두고
내쫓아
그 일가를 파멸로 이끌어 씨를 말렸다
이런 잘못된 통치습성이 마치 전통인 양 오늘에 이르고 있다
그 결과
오늘의 IMF 국난을 낳았다
이 국난은 돈 문제만이 아니다
정신세계
물질세계
사회문화의 총체적 위기 붕괴에 직면해 있다
반백년 반공교육은
반통일, 반북뿐 아니라
반 인성교육이었기 때문에
이런 엄청난 민족재앙을 가져왔다
범민련과 한총련을, 당국은
이적단체 친북단체 불법단체로 못박았다
이적, 친북, 불법이라니?
남, 북 해외 삼자가 힘을 합해야 통일이 되지 않는가
우선, 북쪽 형제를 적으로 모는 게 죄중 큰죄 아닌가
이쪽 범민련, 한총련 생각과 북쪽 생각이 때로 일치되는 점이 있었다면
그건 서로 진리를 찾다보니, 겨레를 사랑하다보니 우

연한 일치일 뿐이다
한총련을 불법 폭력단체라고?
폭력은 저쪽에서 먼저 걸어왔으니
한총련은 정당방위를 했을 뿐이 아닌가
또 어떤 불법이 있었다면
그건 모체에서 밀파한 공작자들의 소행이 아니었던가
반공교육에 찌든 사람들아
하늘이 무섭지 않더냐
어찌 감히 이런 말을 한단 말인가
범민련과 한총련 사람들은
주린 창자를 끌어안고 헐벗은 몸으로 쫓기면서도
나라사랑 겨레사랑 진리사랑을 한 것 밖에 죄가 없다
범민련과 한총련은
반일 반외세 독립 자주정신의 전통을 이어받고
반독재 민주화와 통일운동을 온 몸으로 실천해 온
우리나라 최고 유일한 애국애족 단체가 아닌가
반공교육으로 잘못 배운 법관의 잘못된 판결은
그야말로 불법이다
범민련과 한총련은
자연법과 역사 앞에 대명천지 합법이다

IMF국난을 풀려면
범민련과 한총련을

이적단체 딱지를 떼어버리고
애국단체로 인정하고
장기수 양심수 전원을 석방하고
국가보안법을 철폐하고 평화통일법을 제정해 친북정책을 펴야 한다
반공교육 대신 홍익인간교육을 실시해 인성을 바로잡아야 한다
외세의존 예속경제를 지양하고
자주정치 자립경제를 일궈내야 한다
남북합의서를 당장 실천에 옮겨야 한다
조미평화협정을 성사시켜 미군철수를 단행해야 한다
IMF국난은, 종국적으로
남북 경제협력 남북 대통일로 풀어야 한다

세계의 시선은, 지금
서울과
평양에 쏠려 있다
IMF사태에 어떻게 대응해 나가는가?
동구라파 사회주의정권이 무너졌는데도
북쪽은 왜 끄떡없는가?
남쪽의 IMF사태와 북쪽의 식량난은
우리들에게 커다란 교훈을 준다
우리들은 지금

자본주의와 사회주의의 연금술에서 빚어지는
다원화 대면에서도 절제와 행복과 자랑이 넘치는 세
상
평화의 세계를 꿈꾸며
오늘은 비록 가시밭길일지라도
내일은 분명 빛길일지니
통일 위업에 가슴의 불길을 쏟는다
제9차 범민족대회! 남북 대통일 축전!
장하다
영광스럽다 저기 대통일의 새벽이 동터오지 않느냐

(1998. 8. 15. 오전1시 서울대에서)

기본권, 자주권 회복과 남북통일

- 양심수 석방 대책위에서

1998년 8월 15일
해방53년이자 분단 53년이요
대한민국 수립 50주년을 맞아
김대중 대통령 '국민의 정부' 는
'제2의 건국' 을 선언했다
이 '제2의 건국' 이라는 거창한 캐치플래이즈에 걸맞은 첫째 조치는 과연 무엇이어야 할까요?
그 첫째번은 두말할 것도 없이
전국 교도소 철문을 활짝 열어
모든 정치범을 석방하는 일이어야 한다
요샛말로 하면
모든 장기수 양심수를 한 사람도 남김없이
모조리 풀어주는 일이다
그러면 남쪽 4천만 국민은 아니 남북 7천만 국민은
해방과 자유의 환희에 들끓을 것이다
남쪽 산하는 아니 남북 조국산하는
얼씨구절시구, 우줄우줄, 으쓱으쓱, 덩실덩실 춤출 것이다

그렇게 되면
김대중 대통령의 인기도
국민의 정부의 인기도 충천할 것이다
저는 지금 53년전 1945년 8 · 15해방 다음날인 8월 16일 11시경
서대문형무소 철문 앞 역사적 광경을 떠올리지 않을 수 없다
환영 나온 많은 사람들이 초롱을 들고 있었다
촛불을 켠 등도 있었고 안 켠 등도 있었다
'김삼룡동지 환영' 이라고 쓴 초롱의 글자는
지금도 기억에 새롭다
36년간 잠겼던 옥문이 열리자
맨 앞에 여운형 선생과 보호관찰소장 장기(나가사끼)가 탄 차가 나왔다
뒤이어 얼굴이 하얗고 뼈만 남은 그야말로 피골이 상접한 반일독립투사들이 쏟아져 나오기 시작했다
가족과 친구가 얼싸안고 뺨을 비비고 눈물짓던 그 역사적 환희와 감격의 순간!
연도의 보는 사람도 모두 눈시울을 적셨다
53년전 그 날 그 순간의 광경이 지금도 환히 눈앞에 서물거린다
그날의 해방, 자유, 감격의 높이는
백두산 높이를 능가하고도 남으리라

김대중 후보가 당선이 확정되던 지난 해 12월 19일 아침
일산 자택 문전에 선 김대중 당선자의 tv화면을 바라보면서
나는 53년전 서대문형무소 문전 광경이
53년이 지난 오늘
남한 각 교도소 문전에서도 재연되기를 얼마나 기다렸던가
헌데, 지난 3 · 13에도 이번 8 · 15에도
그 꿈의 기대는 산산이 깨지고 말았다
사실, 지난 3 · 13에 장기수 양심수를 모조리 풀어줬더라면
남북 관계는 말할 것도 없고
IMF도 쉽게 풀렸을 것이다
분단을 푸는 방법이나
IMF 난국을 푸는 방법은
둘 다 자주적으로 풀어야 한다
역대 정권의 외세 의존 때문에
분단은 53년간 지속되었다
역대 정권의 예속 경제 때문에
IMF 난국은 초래 되었다
그렇다면, 50년만에 정권교체된 김대중 정권은

의당, 역대 정권과 백팔십도 전환된 다른 정책을 펴야 할 게 아닌가
그럼에도 불구하고
악법 중 악법인 국가보안법을 여전 철폐하지 않는다
이 악법은 일제의 치안유지법을 본뜬 것으로
반통일, 반북, 반민주주의, 반인성 악법이다
현재, 우리 사회의 부패, 타락, 허위, 사치, 낭비, 사기, 폭력, 살인, 성폭행, 패륜, 비뚤어진 의식구조 등은
이 악법이 낳은 고름바다 현상이다
전두환 노태우를 비롯한 12 · 12, 5 · 18 헌정파괴자 전원을 풀어주는 마당에
장기수 양심수를 풀어주지 않는 것은 어불성설이요 천부당 만부당이다
전향서 대신 준법서약서라니
그들은 진작 애국자요 통일일꾼인데
뭘 전향하란 말인가
준법서약이라니…
국가보안법이라는 악법을 지키라고 강요하는데
옛 성현도 악법은 지키지 말라고 했거늘
뭔 서약을 강요하느냐
양심의 자유는 신성 불가침이 아닌가
이번 8 · 15에 전체 양심수 455명 중 준법 서약한 94명만을 풀어주었다

그나마 형집행정지, 가석방, 감형일 뿐 완전 사면은 아니다
더구나 30년 40년 장기수 20명과
범민련 인사와 한총련 학생과 많은 보안사범은
그들의 양심의 자유를 짓밟고
차가운 저승방에 그대로 남겨 놓았다
장기수 20명은 현대사 비극의 응어리 결정이다
이 응어리를 풀지 않고는 만사허사다
한 술 더 떠, 이번 8 · 15에는 범민련 지도부를 몽땅 잡아가고
한총련 학생 수백명을 구속 수배했다
문규현 신부도 구속했다
이렇게 하면 통일도 안되고 민주화도 안되고 IMF국난도 안 풀린다

김대중 대통령의 지난 6개월간 치적을 되돌아보면
해야 할 일과 하지 말아야 할 일을 완전히 뒤바꿔 놓았다
IMF국난 해결은
자주적으로 풀어야 한다
남북 경협, 남북 통일로 풀어야 한다
그럼에도 불구하고 IMF의 요구 순종 일변도로 풀려고 한다

저들은 우리 국민이야 죽든 말든 비싼 이자만 또박또박 받아 먹고

본전을 떼이지 않을 요량으로 감언이설과 강요를 들이대지 않는가

저들의 요구대로만 해서

4백만 실업자와 이반하는 민심을 어떻게 수습할 것인가

정 급하면 모라토리움이라도 선언하면 어떨까

당국자와 국민은 일치단결 단군얼로 돌아갈 때

IMF국난은 뚫린다

예나 지금이나

국정에서 인사 배치는 가장 중요하다

국민의 정부의 요직 면면을 들여다보면

어쩌면 저렇게도 낡고 때묻은 인사뿐인가고

놀라고 개탄하지 않을 수 없다

성경에도 새 술은 새 푸대에 담으라고 했다

현재의 진용으로는 정채개혁, 사회개혁, 언론개혁을 수행할 수가 없다

새정치국민회의 안에도 진취적이요 유능한 인재가 얼마든지 있지 않는가

IMF국난 타개를 위해,

남북 통일을 위해,

겨레와 역사는 새 제도 새 일꾼을 목놓아 부른다

후광을 진심으로 아끼는 오늘 이 자리 모든 인사들의 이름으로
고언을 드리지 않을 수 없다
단군 할아버지와 반일 독립선열은
항시 우리들을 내려다보고 계신다
우리들은 일거수 일투족 일언반구인들
소홀히 할 수 없다
겨레와 역사 앞에 떳떳해야 하기 때문이다
김대중 대통령의 후견인은
미국이나 수구세력이 아니다
4천만 국민이다
4천만 국민이 건재하는 한
김대통령의 위치는 확고부동 반석이다
어떠한 색깔론도 어떠한 모략도 분쇄될 것이다
국가보안법을 폐기해 국민기본권을 보장해 주어야 한다
미군을 모셔 보내고 국가자주권을 회복해야 한다
범민련과 한총련의 이적단체 규정을 철회하고 그들에게 자유를 주어야 한다
장기수와 양심수를 모조리 당장 풀어줘야 한다
돌다리만 두드리지 말고 통일광장으로 건너가 보라
전국민을 남북통일 광장으로 이끌어 달라

전국민은 오직 남북통일 한 길로 용왕매진할 뿐이다

(1998. 9. 2. 향린교회에서)

최고 목표는 통일

- 악법 철폐 통일대회에서

남북 분단 53년!
지구상에서 단 하나밖에 남지 않은 분단 국가
부끄러워
통탄스러워
소떼 천 한마리만 삼팔선을 돌파해
가슴은 천갈래 만갈래 찢어진다
비극의 절정에서 까무라친다
옛날 삼국 정립 그날에도
이러진 않았어
저 분단 망국벽을
새 한 마리
쥐새끼 얼씬 못하지 않느냐
그 옛날 고구려다 신라다 백제다 우두머리들만 나라 살림을 따로 차렸을 뿐
삼천리는 한 핏줄 한 가족 한 울타리 안이었다
월악산에서는 고구려 아낙과 신라 처녀들이 오손도손 산나물을 캤고
뚝섬에서는 신라 어부와 백제 어부가

여 -

야 -

물고기를 낚았다

애기봉 기슭에서는 고구려 사냥꾼과 백제 나무꾼들이 한 무더기 모닥불에 둘러서서 두런두런 이야기꽃을 피웠지

헌데, 오늘은 뭐냐

민족의 운명이 왜 이 지경이냐

대답은 간단하다

미군 주둔과 국가보안법 때문이다

역대 정권, 아니 현 국민의 정부마저도

이는 필요하다고 언명한다

자유민주주의에 완전 배치되는 말이다

애국애족주의를 팽개치고 짓밟는 처사다

인류 보편적 진리인 민주주의를 받아들인 50년

민주주의 애국주의 밝은 대낮에

이래서는 안된다

지난 50년간

국가보안법의 횡포는 엄청났다

수 많은 독립투사 애국투사 혁명투사 민주투사 통일투사들을 빨갱이로 몰아 죽이고, 가두고, 병신만들고, 내쫓아

그 가족을 파멸로 이끌었다

오늘까지 20년 30년 40년 옥살이 하는 애국투사들이
수두룩하다니
세상 어느 나라에도 이런 참극은 없다
애국과 통일에 헌신하는 범민련과 한총련을
이적단체로 묶어 놓고 탄압한다
그러면서도 필요하다 싶으면
통일 운운을 들먹인다
도대체 국가보안법이 퍼렇게 살아있는데
어떻게 통일한단 말이냐
이런 식으로 분단을 고착화시켰다
답답하다
숨이 막힌다
견딜 수 없다
어떻게 하면 될까?
하늘땅에 주먹질 해본다

8.15해방 직후의 좌우 대립상이
오늘은 남북 대립상으로 바뀌었다
남쪽은 IMF국난, 북쪽은 식량난으로 특징된다
IMF국난은 왜 일어났는가?
한마디로 잘라말해
외세의존
예속경제 탓이다

미국 자본주의가
남한 반공정권 벽에 부딪친 거다
그런데, 대한민국 어느 누구도
이런 근본 진단은 내리지 않는다
언론 홍수도 재재요설才才饒舌도
겉도는 헛소리만 일삼는다
반민족 반북 반인성 교육을 주제로 한
반공교육이 허위를 가르쳤고
국가보안법이 애국인사의 입에 자갈을 물렸기 때문이다
IMF국난은 돈 문제만이 아니다
개개인의 정신세계의 붕괴 혼란이 더 문제다
비리 부정 부패 폭력 살인 사기 사치 마약 도박 태만 불신 실망 허탈 성문란 윤리추락 등
정신세계 전반이 썩고 문들어져
진창 고름바다가 홍건하다
돈 때문에
아들의 손가락을 자르고
자식을 독극물 먹여 죽인다
진정한 애국심은 찾아볼 수 없다
왜 이꼴이 되었을까?
50년간 홍익인간 정신을 저버린 반공통치와
미국식 금권만능이 가져다 준 응분의 재앙이다

자본주의의 최고목표는 다름아닌 성이다
미국 대통령 클린턴이 이를 잘 증명해 주었다
최근 우리나라 부부 바꿔치기 성향락 파티도 그런 맥락이다
IMF국난을 풀되
저쪽 요구대로만 풀지 말고
우리의 사고, 우리의 방식으로 풀어야 한다
남북 화해, 경제협력, 통일로 풀어야 한다
정리해고는 되도록 삼가고
초겨울 마지막 감 한 알을 나누어 먹는 정신으로 풀어야 한다
'제2 건국' 에서 첫번째 할 일은
국가보안법 철폐와
장기수 양심수 전원 석방이다
8.15해방 때도 반일 독립투사들을 제일 먼저 풀어주지 않았던가
만일 국회에서 국가보안법 철폐를 의결하지 않는다면
온 국민은 국회의원 전원을 직무유기로 고발할 것이다
최대의 애국, 통일운동단체인 범민련과 한총련을 말살하려는 것은
50년만에 교체된 국민의 정부의 최대의 수치다
국민의 정부 지지자와 후견자는

미국도 수구세력도 아니요 4천만 국민이 아닌가
국가보안법을 철폐하면
전국에 애국심이 비등하여
IMF국난은 초봄에 눈 녹듯 풀릴 것이다

남북 6천만 겨레의 최고 목표는
단연 통일이다
우리들은
나라사랑 겨레사랑 정신을
한껏, 남김없이 발휘하여
통일의 장애물을 하나하나 걷어내며
백두산 높이 대통일의 깃발을 꽂을
그날을 향해
전진하자
용진하자

(1998. 10.)

통일의

- 1998년 송년잔치 한마당에서

왜 이다지도
설움이 복받치느냐
형제가 갈라져 쉰 세 해
크리스마스 이브의 종소리는 누구를 위하여 울렸느냐
제야의 종소리는 무엇을 위하여 울렸느냐
분단 53년간
통일을 위해선 단 한번도 울리지 않았다

실망과 낙담의 1998년은 저물어간다
철없는 연인들은 손에 손을 잡고 명동거리 압구정거리를 휘젓고 다니지만
뜻있는 연인들은 어깨에 힘이 빠져 텅 빈 가슴을 서로 달래고 쓰다듬어 준다
50년만에 바뀐 국민의 정부는
IMF사태에 떠밀려 정리해고다 퇴출이다 빅딜이다 진땀만 빼고
국가보안법은 철폐하지 않는다
남은 장기수 양심수를 석방하지 않는다

범민련과 한총련에서 이적단체 딱지를 떼지 않는다
새 정부는 지난 10개월간
진정한 통일을 위해선
아무 일도 하지 않았다
국민은 절망과 허탈에 빠져
힘이 샘솟지 않을 수밖에
따라서 IMF국난도 풀리지 않는다
우리 통일의 투사와 천재들은 하늘과 땅에 선언한다
국가보안법을 철폐하지 않고는
장기수 양심수를 석방하지 않고는
범민련과 한총련을 이적단체에서 풀지 않고는
어떠한 국사도 풀리지 않는다
나라 걸음은 한 치도 전진하지 못한다
소떼 천 한마리가 북으로 갔다고 해서
금강산 관광이 시작됐다고 해서,
쌀과 의약품을 북쪽에 보냈다고 해서
통일이 되는 것은 아니다
햇볕정책만으로는 부족하다
통일을 가로막는 모든 장애물을 당장 거둬내야 한다
그리하면
IMF국난도 풀리고
통일의 물꼬도 트인다
국보법은 그대로 두고 통일 운운하는 것은

50년간 써먹은
거짓말이다
헛소리다
넌센스다

분단 53년 동안의 한숨과 피눈물과 통곡소리를 모아 담았으면
백두산 크기가 되고도 남으리라
국회의원들이여
20세기 최고의 악법 국가보안법을 그대로 두고 어찌 잠이 온다냐 단연 철폐를 결의하라
그렇지 않으면
온 국민은 그대들을 직무유기로 고발할 것이다
국책 입안자들이여
단군 할아버지가 내려다 보신다
이라크를 무차별 공격한 국제범죄자들과 결별하고 자주정치를 펼치라
김대중대통령의 개혁정치를 발목잡는 낡고 때묻은 사람들을 퇴출하라
냉전의 유령을 되살리지 말라
북을 목조이려는 시대착오의 어리석음을 범하지 말라
53년 반공망령에서 깨어나
역사발전의 천리 따라 전진하라

남북 화해, 협력, 통일의 길로 나아가라

이제 1999년 새해가 밝아온다
우리 애국국민은
국가보안법 철폐와
남북통일을 위해
백배의 용기로 싸우고 싸울 것이다
국가보안법 철폐 만세!
남북 통일 만만세!

(1998. 12. 26. 송년잔치 한마당에서)

수상소감

- 1999년 4월 16일 사월혁명상을 받고

이렇게 만나 뵈옵게 되어 반갑습니다

80년대에서 90년대 초까지의 민중시인과 민중시는 유죄를 내린 판사도 없는데 죄인처럼 어디론가 사라지고 흩어지고 말았습니다

저는 외로왔습니다

그러나 뛰었습니다

민족 분단 55년입니다

가슴이 터집니다

그날의 동안 흑발이 오늘은 노안 백발이 되었습니다

수많은 인재들이 민주화와 통일을 위해 고귀한 목숨을 바쳤습니다

새삼 인생무상과 세월유수를 한탄하지 않을 수 없습니다

지난 반세기 동안 우리 겨레는 가시밭길을 헤쳐왔습니다

그 선두에는 단군의 홍익인간 정신에 바탕을 둔 사월

혁명회 천재적 성원들이 굳건히 서서 오늘에 이르렀습니다

그런데 뜻밖에도 대상을 받게 되어 감격과 영광에 가슴이 벅차오릅니다

도강호 의장님으로부터 이 소식을 전해 들었을 때 꿈만 같았습니다

눈물이 핑 돌았습니다. 감격의 눈물만이 아닙니다. 민족을, 혈육을, 동지를, 애인을 갈라 놓은 분단현실에 대한 서러움이었습니다. 꽃나이 스물 둘에 홀로 나신 어머님에 대한 그리움의 눈물이었습니다

독립열사, 통일열사, 민주열사에 대한 애달픔의 눈물이었습니다

동시에 내가 이런 대상을 받을 자격이 있을까, 나보다 월등한 분들이 많은데, 하고 송구스러움도 금할 길이 없었습니다

올해로 민족분단은 장장 반백년, 참으로 끔찍스러운 민족비극입니다 식민지 36년을 합치면 무려 91년간 우리 민족은 외세에 시달려 한숨과 눈물로 살아왔습니다 사모치는 원한은 구천에 닿고도 남습니다

우리나라에는 현재 수많은 상이 있습니다 그 중에서도 사월혁명상을 그 전통, 그 역사, 그 권위에서 타의 추종을 불허하는 값진 상이라고 생각합니다

저에게 돌아온 이 크낙한 영예와 기쁨을 먼저 북쪽 고향에 계신 백셋에 나신 어머님께 드리고 다음으로 저의 아내와 아들을 위시해 저를 이끌어주고 아껴주신 모든 정다운 분들에게 이 영예를 돌립니다

국가보안법과 같은 악법이 없는 나라, 양심수 장기수가 없는 나라, 외국 군대가 주둔하지 않는 나라를 위해 힘쓰겠습니다

끝으로 부족한 저에게 이런 큰 상을 앵겨주신 사월혁명회 여러 선생님들에게 다시 한번 뜨거운 감사를 드립니다

나머지 생애도 자주적 통일위업에 바치겠습니다

감사합니다

(1999. 4. 16.)

통일 위업의 금자탑

- 경실련 통일협회 창립 5주년에

내 고향은 함경도 산골입니다
거기에는 올해 백셋에 나신 홀어머님이
이 외아들을 55년간 기다려
오늘도 정안수 떠다 놓고 합장 기도하고 계실 겁니다
그날의 동안 흑발이
오늘은 노안 백발이 되었습니다
혈육이 갈라져 반백년
그 동안, 바로 코 앞의 저기서
단 한 장의 편지도
단 한 통의 전화도 받지 못했습니다
뉴욕, 런던을 이웃처럼 드나들고
달에서조차 전화가 걸려오는 민주주의 밝은 대낮에
말입니다
어혀! 세월도 무상하고 인심도 무심하구나
저는 지금
백발을 거머쥐고 몸부림치며 묻습니다 꾸짖습니다
역대 대통령들이여! 그대들은 도대체 뭘 했단 말인가
제일 중요한 통일 위업을 하지 않았으니

다른 일 따윈 하나마나가 아닌가
통일위업을 하지 않았을 뿐만 아니라
국가보안법이라는 반통일 철퇴를 마구 휘둘러
통일 애국자를 죽이고 가두었습니다
기를 쓰며
통일을 막았으니
통일을 방해했으니,
그 죄과는 과시 하늘에 닿고도 남으리라
우리나라는 지난 반백년 동안
잘못된 반공교육을 강요했습니다
반공교육은 남북의 화해와 통일을 방해했을 뿐만 아니라
인간성 자체를 파괴했습니다
선과 악
바름과 그름
진리와 사악
애족과 배족이
싹다 뒤바뀌었습니다
오늘날 썩고 썩은 사회의 고름바다 萬相은
바로 그 반공교육이 낳은
악의 꽃들입니다
반공교육 대신 단군의 홍익인간교육으로 돌아가야 합니다

통일교육으로 돌아가야 합니다
매주 수요일 아침 여덟 시 삼십 분이면
우리 부부는 꼭 손수건을 준비합니다
kbs '그 사람이 보고 싶다' 프로를 보며
흐르는 눈물을 닦기 위해서입니다
10년 따위는 거의 없고
20년 30년 40년만에 만나
얼싸 안고, 부둥켜 안고,
엉엉 울어대는 모습을 보면
아마 목석도 울음을 터뜨리고야 말 것입니다
프로가 끝나면 눈물을 닦으며 저는 중얼거리지요

'남북 이산가족이 만나야 진짜 만나는 거지, 그때의 눈물이라야 진짜 울은 거지, 30년 40년은 약과야, 남북은 55년인데도 못만나지 않나.'

남북 분단 반세기
스스로도 소스라쳐
전신에 소름이 쫙 끼치는 민족비극!
왜 이런 엄청난 민족비극을 진작 해결하지 못했지?
정치라는 것도 결국 사람이 하는 일이 아닌가
그 사람이 왜 민족비극을 왜 그냥 뒀느냐 이말입니다

이승만 이래의 잘못된 현대사를 새삼 들추어 낼 생각은 없습니다

다만 현재의 처방에 초점을 맞출까 합니다

미군 철수와 국가보안법 철폐는 분단 종식의 키포인트입니다

미군은 남의 나라 안방에 총칼을 메고 55년간 버티고 앉아 있었으면 됐지 무슨 미련으로 머뭇거립니까

지체없이 나가야 합니다

이 두 가지를 그냥 두고 통일하겠다는 것은

거짓말이요

연목구어요

넌센스입니다

하루 빨리 국가보안법을 폐기하고

평화통일법을 제정해야 합니다

사자회담에서 북이 미군 철수를 들고 나왔을 때

우리 남쪽 언론은

의외라는 듯 외면내지 냉소했습니다

사자회담 같은 중요한 통일회담에서

미군철수 문제를 뺀다면

그런 알맹이 없는 회담을 해서 뭘합니까

정전협정을 평화협정으로 대체하는 문제가 해결되면

미군은 좋든 싫든 물러가야 합니다

통일의 입장에서 볼 때

우리언론은 썩고 썩었습니다

사회의 목탁이라는 말도 팽개쳤습니다

무관의 제왕이라는 말도 동댕이쳤습니다
백해무익의 존재가 되고 말았지요
우리 언론은 하루 바삐, 아니 지금 당장
탈태환골해 통일과 겨레에 이바지하고 참언론으로 다시 태어나야 합니다
현 국민의 정부도
역대 정부와 마찬가지로 한 · 미 · 일 공조만 강조합니다
이젠, 외세의존 예속경제에서 벗어나야 합니다
되레 남북공조에 무게를 두어야 IMF도 풀리고
통일의 길도 열립니다
저는 감히 선언합니다
자본주의 사회주의 이념을 초월해
민족 자주적 입장에서 대북(통일)문제를 원만히 풀지 않고는
여타 어떠한 문제도 풀리지 않는다
다가올 8 · 15행사만 해도
케케묵은 이적단체 운운하지 말고
남북 정부, 정당, 민간단체, 민간인, 학생, 노동자, 농민 모두가 하나되어
거족적으로 성대히 치러야 합니다
그렇게 하면
꼭 통일이 됩니다

통일은 신기루처럼 떠오를 것입니다
남북 근역 삼천리는
환호성의 지진이 터질 것입니다
백두산도 한라산도 덩실덩실 춤출 것입니다
한강수도 대동강수도 억실억실 물보라 춤을 출 것입니다
그때 저는
어머님을 업고
삼천리 조국강산을 샅샅이 춤추며 돌 것입니다

오늘은 경실련 통일협회 창립 5주년이 되는 뜻깊은 날입니다
그동안 통일협회가 펼쳐온
통일 계몽사업이나 대북 원조사업은 훌륭하고 대견했습니다
통일을 앞당기는데 결정적 역할을 했습니다
앞으로도 계속 분발해
통일 위업의 금자탑이 되기를
기원해 마지 않습니다

(1999. 5. 29.)

생기 돌고 활기 넘치는 농촌 건설을 향해 - 전농 경기도연맹 창립8주년에

여러 선생님들을 이렇게 만나 뵈옵게 되어 반갑습니다

저는 다음과 같은 무거운 질문을 던지는 것으로서 오늘의 축시를 시작해 볼까 합니다

'우리 농촌의 현주소는 어디이며

지금 우리 농촌은 어디로 가고 있는가?

이 자리에는 경기도에 계시는 농민 여러분과 전농 경기도연맹 백규현 의장님을 비롯해 각급 일꾼들이 모였습니다

전농 정책의장님과 농협과 사회단체 여러 선생님들이 모였습니다

그리고 특히, 농경국장님을 비롯해 관계기관 선생님들이 참석하셨습니다

반갑습니다

김영삼정부 때 57조원이라는 막대한 자금을 풀어 140만호 농가에 빚을 놓아 주었습니다

순 농가는 그 이전의 빚까지 합쳐 현재 호당 6천만원이라는 빚을 지고 허덕이고 있다고 합니다

정부 당국은 호당 1270만원이라고 말하지만 실상은 큰 차이가 있습니다

저는 13년전 안동 김 모씨 집에 하룻밤을 묵으면서 물었더니 한 사람 당 빚이 백만원에서 2백만원 꼴이라고 했습니다

그런데 현재는 한 사랑 당 빚이 천만원이 넘는다는 계산이 나옵니다

현재 쌀값은 생산비를 밑돕니다

원금 반환은 언감생심

이자도 낼힘이 없습니다

과수원 양돈 양계 같은 부업을 하재도 밑천이 없는데 뭘 합니까

또 설사 천신만고 끝에 차렸다 해도 WTO다 뭐다 해서 소 파동 돼지 파동으로 밑천 날리기 일쑤니 어찌합니까

이러지도 저러지도 못하지 않습니까

설상가상으로 원금독촉 이자독촉이 빗발칩니다

여북했으면 자살자가 속출했겠습니까

오늘 우리 농촌은

질식하고 있습니다

무너지고 있습니다

왜 이렇게 되었을까요?

근본적 원천적 첫째 원인으로 미군 주둔을 들어야 합

니다

둘째는 외세 의존, 예속경제 탓입니다

셋째 원인은 반공교육과 국가보안법을 들지 않을 수 없습니다

넷째는 남북이 갈라져, 원수져, 55년간 살았기 때문입니다

다섯째는 농정행정가들이 실정 파악이 잘못되었다는 것을 말하지 않을 수 없습니다

그렇다면,

죽어가는 우리 농촌의 구원방법은 무엇일까요?

제가 금방 말한 다섯가지 악조건을 서서히 단계적으로라도 좋으니 반드시 제거 해결해야 합니다

즉, 미군은 물러가야 하며

외세 의존을 지양하고 자주정치를 펼쳐야 하며

예속경제에서 벗어나 자주경제를 이룩해야 합니다

반공교육 대신 단군의 홍익인간교육을 실시하고

국가보안법 대신 평화통일법을 제정 실시해야 합니다

농촌과 농민을 자기 몸같이 사랑하는 진정한 농업행정 일꾼들을 육성해야 합니다

미국식 자본주의적 영농방법은 한국의 농촌 실정에는 맞지 않는다는 것이 증명된 만큼 새로운 탈출구를 찾아내야 합니다

이상에서 말한 근본적 악조건이 버티고 있는 상황에

서도 농촌을 구원할 방법은 있습니다

간단합니다

정부는 농가 부채를 큰맘 먹고 전액을 완전 탕감해 주는 결단입니다 용단입니다

상환기일을 연기한다든가 이자율을 낮춰 주는 따위의 일시적 미봉책으로는 해결이 안됩니다

우리의 쌀값은 한 가마 당 17만원인데 비해 미국 수입쌀은 6만원이니 우리농민이 어떻게 살아 남을 수 있겠습니까

현재 우리 나라는 식료품 대부분을 수입에 의존하고 있습니다

우리 자체가 생산한 농산물로는 넉달 정도 밖에 살 수 없습니다

이렇듯 우리는 자급자족을 못하고 있습니다

소 돼지의 사료는 물론 닭이나 새의 모이까지도 전량 수입에 의존하고 있는 실정입니다

지난 8년간 전농 경기도연맹의 투쟁업적을 살펴볼까 합니다

첫째로 수세투쟁을 꼽을 수 있습니다

단보당 35Kg을 내던 수세를 농민회원들의 끈질기고 줄기찬 투쟁으로 5kg을 내게 되었습니다

둘째로 미국쌀 수입 저지투쟁입니다

'3천만 잠들었을 때 우리는 깨어 배달의 농민형제는

울부짖는다 막자 미국쌀을 먹자 우리쌀을! (농민가)를 노래부르며

인천항으로 달려가

미국쌀 하역작업을 막았습니다

농협 간부들의 부정부패를 규탄해 억수로 내리는 비를 맞아가며

농협 중앙에서 3일간 철야농성을 벌였습니다

그러나 우리 농민들의 투쟁이 아직은 경제투쟁에 머물고 있다는 사실을 반성해야 합니다

정치투쟁 통일투쟁으로 발전해야 합니다

우리 삼천리 강산은 아름답습니다

그야말로 금수강산입니다

우리 농촌도 본시 아름다웠습니다

우리 농민의 심성은 원래 소박 순수 아름다웠습니다

선부른 현대화로

그 농촌이 황폐화 되고 있습니다

그 심성이 퇴색해 가고 있습니다

뜻있는 우리들은

마음의 고향인 농촌이 무너지는데 대해 탄식합니다

분노 합니다

아울러, 21세기 우리 농촌에 대한 꿈을 버리지 않고 있습니다

반드시 생기 돌고 활기 넘치는 고향으로 바꿔 놓을 것

입니다
그 때는
민주화의 바람이 불 것입니다
통일의 열풍이 불 것입니다
농민회 여러분들의 분발 건투를 빕니다
당부합니다

(1999. 7. 8.)

백두산을 바라 별을 바라보며

- 국가보안법 철폐를 위한 국민연대 집회에서

남북 분단 55년이라니!
조국 분단 반백년이라니!
세상천지 이럴 수가 있나
이건 말도 안돼!
이 엄청난 민족비극은
미군주둔 때문입니다
국가보안법 때문입니다
국가보안법은
역사 전진을 돌려놓고
통일을 가로막고
민주주의를 압살하고
이북 형제를 적으로 몰고
신성한 인권을 짓밟는
천하 유일의 악법입니다
국가보안법 때문에
애국과 매국
애족과 배족
정의와 불의

진실과 허위
선과 악의
모든 가치 척도가
싹다 뒤바뀌었습니다

문규현 신부님은 지난 8월부터
국가보안법이 철폐될 때까지
수염을 깍지 않기로 결심하고
수염을 그냥 기르고 있습니다
저는 문신부님의 수발투쟁의 소식을 듣고
야! 이건 아주 인상적인 통일투쟁이라고 감탄했습니다
문신부님이 의장으로 있는
천주교 정의구현사제단 소속 신부 30여명은
지난 9월초부터
국가보안법 철폐를 요구하며
삭발 단식농성에 들어갔습니다
사태가 이러함에도 불구하고
우리의 신문은 단 한 줄의 기사도 쓰지 않았습니다
이게 어디 명색이 민주주의 나라에서
있을 수 있는 일입니까
오늘 우리의 언론은
이 지경으로 타락했고, 병들었고, 썩었습니다
우리 언론의 대오각성을 촉구합니다

필봉을 바꾸지 않으면
내일 역사지탄을 크게 받을 것입니다
정의구현사제단 신부님들의 모범을 따라
인천지구 사제단도
한총련 경기지역 학생들도
국가보안법 철폐를 외치며
지난 9월 27일 부터
단식농성에 들어갔습니다
지금, 국가보안법 철폐의 목소리는
서울과 대도시뿐 아니라
전국 방방곡곡에서
요원의 불길처럼 일어나고 있습니다

일부 철부지 국회의원들이
국보법 존속을 주장한다지만
어불성설, 천부당 만부당입니다
단군의 후손이 아닌 이런 사람들을
다음 총선에서는 반드시 낙선시켜야 합니다
지금은 낡은 사람보다
깨인 사람이 훨씬 더 많습니다
부시와 고르바쵸프는
벌써 10년전에
지중해 연안 몰타에서

동서냉전 해소를 선언하지 않았습니까
그런데도, 우리 대한민국 집권층에서는 해소는 커녕
냉전은 오늘도 기세등등합니다
국가보안법 유지가 바로 그것입니다
사람들은 국가보안법을 멸시하고 비웃습니다
오늘 우리들은
국가보안법 완전 철폐를 기어이 관철코자
국민 각계각층을 총망라해
대대적 국민연대집회를 열고 있습니다
우리들의 싸움은 두말할 것없이
최고의 애국애족입니다
최고의 선이요 정의입니다
우리들은 승리를 확신합니다
우리 대한민국은 지난 반백년 동안
미군 주둔하에 반공교육을 실시하고
국가보안법으로 다스렸습니다

그 결과 남북 분단은 더 굳어졌고
사회 구석구석에는 부정부패, 비리, 살인, 폭력, 사기,
도박, 마약, 성폭행, 허위날조 등이 만연하고
교도소에는 장기수 양심수가 끊임없이 양산되고
IMF환란까지 맞았습니다
외세의존 예속경제 탓이지요

늦었지만 이제라도 김대중정부는
국가보안법을 폐기하고
평화통일법을 제정해야 합니다
반공교육을 그만두고
홍익인간교육을 펼쳐야 합니다
한 · 미 · 일 공조가 아니라
남, 북 공조로 국운을 풀어야 합니다
이 길만이
김대중정부가 역사와 민족에 기여하는 길이요
남북통일을 성취하는 최고 유일의 길입니다

김대중 대통령이시여!
당신은
엠네스티 세계인권선언에
제1호로 서명했습니다
미국 플로리다에서
세계인권상을 수여받았습니다
우리들은 '김대중' 석자가
인권대통령, 통일대통령으로 청사에 길이 남기를
진심으로 빌어마지 않습니다
남북 칠천만 형제들이여
남북 대통일을 위해서
저 아아한 백두산을 바라

저 높은 별을 바라
총진군합시다

(1999. 10. 2.)

친일 실체를 밝힌 애국봉화

- 임종국 선생 서거 10주기에

林鍾國!
조국분단의 원천적 본질을 꿰뚫은 천재적 고유명사
입니다
문필애국의 정수요 정화요 최고봉입니다
저 지조와 절개의 애국봉화
빛나는 고봉을 향해
우리 후학은
경탄하고 다시 감사하고 머리를 숙입니다
힘을 얻고 결심합니다
저처럼 불의와 맞서자고
저처럼 애국애족하자고

남북 분단 55년을 맞았습니다
임종국, 큰별이 떨어진지도 어언 10년이 되었습니다
가슴이 찢어집니다
민족비극은, 오늘도
절정을 향해 치닫습니다
망국법 국가보안법은 여전히 기세등등 합니다

일황을 찾아 절하고, '오셔 주십사' 부른 답니다
한 · 일 합동 군사훈련을 합니다
일본 사무라이 문화와 썩은 문화가 들이닥칩니다
임종국 선생의 불호령이 떨어집니다
'저 날뛰는 친일잔재 꼬락서니! 나라를 그렇게 이끌다니? 썩들 정신을 못차릴꼬!
분기가 목구멍에 치밀어 오릅니다
되돌아보지 않을 수 없습니다
8.15해방과 동시에
친일배족자들은
으레 일제 패망과 운명을 같이했어야 마땅했습니다
그럼에도 불구하고
미군과 이승만의 도움으로
민족반역자들은 애국자로 둔갑
대한민국 운영 일선에 나서서
국가보안법이라는 악법을 만들어
저들의 생명 연장을 꾀했습니다
이 배족자들은
반일 애국독립투사들을
빨갱이(공산주의자)로 몰아
잡아 가두고 죽이는 반역행위를 계속 했습니다
망부 이승만이 4 · 19혁명으로 쫓겨난 후
박정희라는 희대의 친일장교가 4 · 19애국민주세력을

또다시 죽이고 가두고
드디어 1965년 굴욕적 한일협정을 맺었습니다
임종국 선생의 뜨거운 애국심은
도저히 참을 수가 없었습니다
원대한 계획으로 친일 배족자들의 매국 죄상을
조사하기 시작했습니다
그 첫번째 결실이
한일협정 체결 다음 해에 내놓은
유명한 '친일문화론' 이었습니다
저명한 문화인은 모조리 월북해버린 삭막한 시기라
이 역작의 참신함과 고발성은 아주 충격적이었습니다
선생은 친일배족자들의 실제 행적 자료수집을 통해
실증적으로 연구했습니다
친일분자 개개인뿐 아니라
그 집안의 친일내력까지 샅샅이 파헤친 수만자의 친일카드 작성에 착수했습니다
한편, 십여권의 친일행각 폭로 서적과 친일을 규탄하는 수십 편의 논설도 발표했습니다
총체적으로 방대한 친일파 총서를 계획 했습니다
모든 연구, 조사, 집필에는
선생의 천재적 재능과 뜨거운 애국심, 피나는 노력이 뒷받침 됐습니다
동시에 감시와 탄압의 가시밭이 가로놓여 있었습니다

60년대부터 선생이 서거한 80년대 말까지는
친일파라는 말의 운조차 떼기 어려운 시기였습니다
갖은 협박, 감시, 탄압이
때로는 은밀히 때로는 공공연히 선생의 애국작업을 방해 했습니다
그러나 선생은 비참한 가난 속에서도 굴하지 않았습니다
지혜로 용기로 그런 위험한 고비를 넘기곤 했습니다
선생이 우리 곁을 떠난 지 10년
세상꼴은 말이 아닙니다
친일잔재는 청산은 커녕 더 힘을 얻고 있습니다
IMF로 외세의존은 더 심화되었습니다
한 · 미 · 일 공조로 자꾸 동족을 목조입니다
민족문제는 20세기로 끝났다고 말합니다
문학작품도 영어로 써야 한다고 떠듭니다
언론도 썩은 목소리만 내놓습니다
민족정기라는 말은 무색해졌습니다
통일의 목소리는 가늘어져 갑니다
임종국 선생!
선생 영전에서 우리들은 얼굴을 들 면목이 없습니다
그저 부끄러울 따름입니다
하지만, 선생의 뜻을 본받아 용기를 냅니다
힘쓸 것입니다

싸울 것입니다
친일 친미 찌꺼기들을 기어이 물리칠 것입니다
일본 천황의 적자 박정희 기념사업을 위해
혈세 백억을 내놓는다니…
이건 말도 안됩니다
정신 나간 짓입니다
막아야 합니다
모든 외세를 몰아낼 것입니다
국가보안법 등 반민주악법은 산산조각 낼 것입니다
정신나간 위정자와 국회의원들은 하루바삐 애국의 길로 돌아와야 합니다
남북통일을 가까운 시일 안에 반드시 이룩하고야 말 것입니다
백두산 높은 장군봉이 우리들의 눈시울을 뜨겁게 합니다
우리 민족문화를 꽃피워 세계문화와 인류평화에 이바지할 것입니다
애국애족의 광채 임종국 선생!
내내 살아 계셔서
저희들 흰옷 겨레를 도와주십시요

(1999. 11. 12.)

한데 맨봉당에 온 몸을 던져 365일

- 유가협 농성 1년에 부쳐

유가협 회원들은 왜 1년, 365일간이나
이곳 맨봉당 포장 안에서
가슴을 조이며 피를 말리며
약하고 병든 몸으로 새우잠을 자야 했습니까?

그 분들은 주로 70년대 80년대 90년대 분신, 할복, 고문사, 타살, 의문사 한 노동자 학생 청년 농민들의 아버지요 어머니요 아내요 아들 딸들 입니다

금이야 옥이야 하던 아들 딸과 남편들이
분신했건
고문사했건
타살됐건
의문사했건
그 진상은 역사 앞에 반드시 밝혀져야 합니다
불순분자, 폭도라는 누명은 벗겨져야 합니다
애국애족이었다는 명예와 인권이 회복 되어야 합니다
정신적 물질적 보상문제는 그 다음의 문제입니다

50년대 60년대 수많은 조작사건들로 사형당하고 의문사한 애국선열의 진상도 밝혀져야 합니다

이번에 다행히도 미국AP통신이 6 · 25때 노근리 학살 사건을 폭로했습니다. 지금 미국 조사단이 내한 조사중입니다

함구무언이던 정부도 늦게나마 진상조사에 착수했습니다

지켜 봅시다

노근리학살은 사실은 빙산의 일각입니다. 현재 24곳이 거론되고 있습니다

북한에서도 미군은 가는 곳마다 양민학살을 자행했습니다. 특히, 황해도 신천에서는 인민군이 있는 곳을 대주지 않는다고 부녀자 4백여 명과 어린이 백여명을 방공호에 몰아넣고 불태우고 총질해 죽였다고 미국 우드로윌슨 수석연구원 셀리그 해리슨은 쓰고 있습니다

미군의 지시나 비호하에 우리 경찰과 국군에 의해 저질러진 수많은 양민학살 사건의 진상도 아울러 밝혀져야 합니다

6 · 25직전 보련 가입자 집단학살과 6 · 25직후 빨치산 활동 산간지역 양민학살은 그 수를 헤아리기 어려울 정도입니다

농성혈육들은 민족민주열사 명예회복과 의문사 진상규명을 위한 법 제정을 온몸을 던져 추위와 눈보라를 뚫고 강력히 촉구했습니다

허약하고 병든 몸인데도

이 국회의사당 앞 한데 맨봉당에서 1년간이나 견디어 온 그 저력은 어디서 생겼을까요?

제 명에 못 간 내 피붙이들을 생각하는 도저히 삭일 수 없는 한맺힌 피맺힌 원한, 울분, 분노가 바로 그 힘이 되었습니다

너희들의, 저분들의, 그 억울함을 풀어주지 않고는 풀어드리지 않고는,

도저히 눈을 감을 수 없다는 무서운 집념 때문이었습니다

이 것은 또 이 땅에 민주화와 통일을, 앞당기는 큰 힘이 되기 때문입니다

우리들의 아버지 어머니 아들딸을 무수히 죽이고 병신 만든 고문기술자 이근안이

은신 12년만에 스스로 법망에 걸려들었습니다

이런 고문 악귀, 인간 야수는 반드시 응분의 죄과를 받아야 합니다

그런데, 이 자가 자기 과거를 미화하는 자서전을 쓰기 시작했다니

이런 해괴한 언어도단인 일이 세상천지 어데 또 있겠습니까

거꾸로 돼도 한참 거꾸로 된 후안무치한 놈입니다

하기야, 대한민국에서는 모든 가치척도가 싹다 뒤바뀌었으니까

이제 국회에서는 분신 고문사 의문사 타살한 열사들의 명예회복을 위한 법 제정을 심의하게 될 것입니다

김대중정부는 이 법을 반드시 통과시켜

진상을 만천하에 밝혀 명예를 회복시켜주어야 합니다

아울러, 국가보안법을 반드시 철폐해야 합니다

부분 개정 운운… 왠말입니까

완전 철폐해야 합니다

국가보안법은 대한민국 망신법입니다

철폐반대 의원들은 다음 총선에서 낙선의 쓴잔을 마시고 역사의 심판을 받을 것입니다

국가보안법을 철폐하면

김대중 대통령도 살고

국민의 정부도 살고

새정치국민회의도 삽니다

반통일 천하악법을 그대로 두고는 모든 국사가 빛이 바랩니다

다스림이 빛나 살아남도록 온 정성 온 힘을 기울어야지요

역사는

선열은

이 대한민국을 지켜보고 있습니다

우리들의 일거수 일투족을 지켜보고 있습니다

열사 의문사 특별법 제정과 국가보안법 철폐를 새천

년을 맞아야 합니다

자, 승리의 길, 통일의 길을 향해 전진합시다.

(1999. 11. 4.)

미군의 학살 만행을 모조리 밝히라

- 반련 반미일 대회에서

노근리 학살!

끔찍하기 비할 데 없는 이 양민학살은, 사실은
빙산의 일각이요 새발의 피다
미군이 가는 곳마다
학살만행은 자행되었다
북의 신천학살을 보라
비극의 곡성은,
원귀의 울부짖음은,
50년이 지난 오늘도
삼천리에 울리고 하늘에 닿는다
전무후무한 분단비극은 무려 54년을 맞았다
왜 이런 엄청난 민족비극이 초래되었는가?
분단의 원흉은 누구인가 무엇인가?
미군 주둔 때문이다
국가보안법 때문이다
반공교육 때문이다
특히 미군주둔은 비극의 원천이요 뿌리다

북쪽 소련군은 50년전에 이미 철수했는데도
남쪽 미군은 54년이 지난 오늘까지도
그대로 머물러 있다
이승만과 친일배족자가
국가보안법 초안을 들고 미군 앞으로 가면
'아암! 그렇게 해야지.'
박정희와 친일반역자들이 반공교육 초안을 들고
미군 앞으로 가면
'그렇지! 좋군.'
이런 식으로 분단비극은 굳어갔다
외세의존 경제예속 탄압정치가 50년에 이르자
드디어 IMF국난이 닥쳤고
외래 썩은 문화로 사회는 엉망이다
정치, 경제, 사회, 문화의 부정 부패 혼돈 혼란은 극에 달했다
민족문제는 끝났고 영어로 소설을 써야 한다고 떠드는 실정이다
어떻게 하면
국운이 열리고 만사가 풀릴까
미군은 모셔 보내야 한다
노근리 같은 모든 학살 만행 진상을 밝혀야 한다
국가보안법을 철폐하고 평화통일법을 제정해야 한다
반공교육이 아니라 홍익인간교육을 실시해야 한다

한 · 미 · 일 공조가 아니라 남북공조로 자주정치를 펼
쳐야 한다
이렇게 해야만이
모든 난국이 풀리고
대망의 통일도 열려 온다
미군은 물러가라!
국가보안법을 철폐하라!

(1999. 10. 29.)

21세기 통일된 조국은 그대 젊은이들의 것이다 - 지명수배자들의 조계사 송년모임에서

나 원 참, 세상천지 이런 변이 있나
멀쩡한 젊은이들을 육칠 년간이나 법망에 옭아매두다니
한데 맨봉당에서 고민에 찬 새우잠을 자게 하다니
남달리 끔찍히두 나라사랑 겨레사랑을 한 것이 어찌 죄가 된단 말인가
국가보안법 바로 그놈이 원수로구나
세상 사람들이여
서울 조계사 뒤뜰 후미진 곳에 자리한
낡은 천막 하나를 보았는가 아는가
다시 묻자, 세상 사람들이여
세계 팔대불가사의를 아는가?
세계에는 본시 일곱 가지 불가사의가 있었는데
이번에, 우리 대한민국의 국가보안법 현상이 하나 더 보태져서
드디어 세계 팔대불가사의로 되었습니다
이 새 불가사의 국가보안법현상은
지난 50년간 근역 남쪽 일천오백리를 짓밟고, 휘젓고,

난도질해, 인간사냥터로 만들었습니다
금수강산은 옛말, 아우성과 한숨과 눈물과 통곡과 죽임의 피바다가 되었습니다

꽃을 보고 아름답다고 말할 자격이 없는 사람들이 있습니다
50년전에 국가보안법을 만들었고
그 긴 세월 동안
그 악법을 악용해
선량하고 재능있고 유망한 수 많은 인재들을
마녀사냥한 사람들
죽이고
가두고
고문해 병신 만들고 패가망신하게 한 사람들이
바로 그 사람들입니다
꽃을 아름답다고 말할 자격이 없는 이 사람들은
오늘도, 국가보안법을 전가의 보도처럼 받들고
가문의 수호신처럼 모시고
숱한 애국인사, 애국학생, 애국청년들을 괴롭히고 삶의 진을 빼내고 있습니다
정선, 신윤복, 김홍도 등 진경시대의 위대한 그림들을 감상하든가
또 춘향전의 사랑노래를 들으면서

우리들이 느끼는 것은
이런 아름다운 예술품을 창작해낸 조상들의 후손은
얼마나 마음씨가 아름다울까 입니다
그 후손들인 우리들 가운데
천하악법 국가보안법 맹신자들이 있다는 것은
참으로 부끄러운 일입니다
이 괴물들은 단군 할아버님의 후손이 아니요
잘못된 씨받이에서 생겨난 이물질 인간들입니다
사실은 반공교육이 그들의 어머니입니다
조계사 뒤뜰 맨봉당에서 벌써 두번째로 겨울을 맞고 있는
오창규(33)
김현곤(22)
유병문(28)
김대성(28)
박재철(31)
홍춘호(25)
이창희(31)
최태진(29)
최선희(28)
한유진(29) 등
열명의 학생들은 한총련 소속으로
국가보안법에 근거해 김영삼정권 때부터

지명수배를 받아 왔습니다
그 숫자는 총 47명입니다
지명수배 기간은 길게는 7년 짧게는 3년입니다
절망과 혼돈과 방황의 시대에도
이들의 최고목표는 오직 통일입니다
요즘 새천년맞이 준비에 요란 법석을 떱니다
그런데 통일과의 연계는 한 군데도 없습니다
이게 그래 다 큰 사람들의 짓이란 말이요?
통일을 빼고 새세기 새천년을 어떻게 맞는단 말입니까
이 밖에, 김대중정권이 들어선 이후 지명수배를 받은 한총련 학생수는
진작 2백명 선을 넘어 수백 명에 이른다고 합니다
이들의 수배해제 투쟁은 각자 개인의 자유를 위한 투쟁이 아니라
한총련의 합법 쟁취투쟁이요
국가보안법 철폐투쟁이요
나아가서는 대 조국통일을 위한 투쟁이라는 점에서
그 역사적 의의는 막중합니다

범민련과 한총련을 반국가단체 이적단체로 규정해 놓았는데
왜 이 두 단체가 반국가요 이적이란 말입니까

범민련과 한총련은 단군의 홍익인간 정신에 뿌리를 두고
반일 독립 애국투사들이 혁명정신을 이어받은
최고로 순수한 애국애족 애민중 단체입니다
또 이적에 대해서 말한다면
이북 조선민주주의인민공화국은 우리 대한민국과 함께
7 · 4남북공동성명에 서명했고
동시에 유엔에 가입했고
화해 불가침 교류협력 합의서에 서명한
형제국가인데
무슨 '적' '이적' 운운 하느냐 이말입니다
50년 전에 몽매하고 망령된 이승만일당이
설사 그렇게 만들어 놓았다 하더라도 사월혁명으로 반민족 독재자 이승만은 쫓겨나 객사했고
부마항쟁으로 친일군사독재자 박정희는 부하에게 사살되었고
광주5월 항쟁으로 반독재 민주역량은 성장했고
87년의 6월항쟁으로 민중역량은 결속 되었고
동서 냉전은 진작 해소되었는데
비록 동구 사회주의 정권은 무너졌더라도
북쪽 형제정권은 건재해 강성대국을 지향
미국과 대등한 자주외교를 펼치고 있으니

50년 세월이 시시비비를 거의 다 가려놓은 오늘
왜 국가보안법을 철폐하지 않는가
왜 이 학생들을 이렇게 옭매어 둔단 말인가
21세기 밝은 대낮에
이런 반인권, 반민족, 반민주, 반북, 반통일 악법 중 악법을
그대로 둔다는 것은 나라의 수치요
국민의 수치입니다
국가보안법 때문에
우리 대한민국은 세계의 웃음거리로 되어 있습니다
국제 엠네스티나 유엔 인권위에서
철폐 권고를 여러 차례 해 왔건만
우리 정부 당국자들은 눈썹 한 가닥 까딱하지 않았습니다
남이 이러쿵저러쿵 말하기 전에 스스로 알아서 철폐하는 것이 민주국가의 도리요 국제적 예의지요
이래저래 국가보안법은 대한민국의 망신살입니다
정부 당국 실무자들이여
국회 법사위 위원들이여
국가보안법 일부 개정이 아니라 완전 철폐안을 내놓아야 합니다
한나라당 철폐 반대 의원들이여
그 부끄러운 모임을 당장 해채하고

천세와 인세에 따라야 합니다

그래야만이 다음 총선에서 재선 삼선도 바라볼 수 있습니다

삭발 단식 농성투쟁이 전국에서 이어지고 있습니다

특히 문규현 신부는 삭발 단식 25일간 한상렬목사는 53일간이나 단식을 계속했습니다

학생, 청년, 노동자, 농민, 지식인, 독립투사, 민주투사, 통일투사, 일반시민, 상인, 빈민 등

대규모 철폐투쟁 모임이 서울에서 지방에서 직장에서 국회앞에서 연일 벌어지고 있습니다

분단 50년에 지쳐 전국민은 통일을 손꼽아 기다립니다

국가보안법 철폐를 한결같이 바랍니다

위정자들은 눈을 크게 뜨고 보아야 합니다

귀를 크게 열고 들어야 합니다

고문기술자 이근안과 박처원 김우현 등 고문 우두머리들이 속속 법망에 걸려들고 있습니다

이 자들은 70년대 이후 오늘까지 수많은 학생, 청년, 민주인사, 애국인사들을

고문치사, 보안사건 조작을 일삼은 원흉들입니다

천벌을 받아 마땅합니다

미군의 노근리학살이 드디어 폭로되었습니다

그러나, 노근리는 빙산의 일각입니다
미군이 간 곳마다 노근리는 있었습니다
미군정 시기 즉 제주 4 · 3학살을 비롯해
6 · 25전후의 모든 양민학살의 진상을 샅샅이 밝혀내야 합니다
이는 곧 왜곡된 현대사를 바로잡는 길이요 통일을 앞당기는 길입니다

조국분단 55년의 원흉은
바로 미군주둔과 국가보안법입니다
이 두 가지 암덩이를 제거하지 않고는
이 땅에 통일도, 평화도, 행복도 없습니다
분단국가에 사는 우리들의 삶은 고달프고 두 어깨는 무겁습니다
국민의 정부에 몇가지 고언을 드릴까 합니다
통치철학을 근본적으로 바꿔야 합니다
역사는 전진합니다
국가보안법 같은 썩은 법을 왜 그냥 둡니까
지명수배자와 장기수 양심수를 모조리 풀어줘야 합니다
범민련과 한총련의 이적단체 딱지는
떼어주어야 합니다 체포령을 취소해야 합니다
한 · 미 · 일 공조를 삼가고 자주적 남 · 북공조로 난제

들을 풀어야 합니다
자주정치 자립경제를 펼쳐야 합니다
친일 독재자 박정희의 기념관 건립을 위해 국민의 혈세 백억을 내놓다니
이건 말도 안됩니다
그 돈은 오히려 구조조정에서 밀려난 실업자들을 위해 사용되어야지요
이렇게 하면 여당은 내년 총선에서 반드시 승리할 것입니다

날이 자꾸 추워집니다
여기 꽃같은 젊은이들이
이 한데서
이 추운 겨울을 어떻게 날까 걱정입니다
다만 이들의 의지력과 사상적 견고성과 왕성한 젊음을 믿고
격려와 성원을 아끼지 않겠습니다
바야흐로 질적 변화가 있을 새 세기는 열립니다
통일된 조국의 황홀한 미래는 그대들의 것이거니
힘차게 전진하라!

(1999. 12. 5.)

묶음셋

겨레의 푸른 꿈을 향해

그날, 한라산과 백두산은 춤출 것이다

- 제주 4 · 3특별법 국회 통과를 보고

제주도 바닷가에서, 오름에서, 돌각담에서,
한라산 능선에서, 골짝에서, 동굴에서,
반백년간의 곡성이 멎기 시작했다
4 · 3영령들은 돌벼개를 바로잡으며
'음, 진실이 밝혀져야 잠들지…'
51년 전 그 날 애국투사들은 외쳤다
'미군은 물러가라!
'친일경찰은 물러가라!
'서북청년단은 물러가라!
자주정신의 폭발이었다
이방인과 폭압자들은
새 나라를 세우겠다는 제주도 애국민중을
폭도로, 공산주의자로 몰아
총칼과 포탄과 몽둥이로, 혹은 동굴에 불을 질러,
혹은 바다에 던져
무자비하게 인정사정없이 죽였다
관광객들이여 무심히 보지 말라
해방의 감격이 죽임의 피바다로 바뀐 참극

아버지 어머니가 죽고
아들, 딸, 형, 동생, 갓난 아기가 죽었다
총알에 골통이 깨지고 칼에 사지가 찢겼다
갓난애가 엄마젖을 빨다가 엄마와 함께 죽었다
억울해 분통해 말이 막혔다
애국투사들은 산속으로 산꼭대기로 숨어들며 싸웠건만
끝내 다 죽었다
잡혀 살아 남은 자들도
고문에 죽고, 맞아 죽고, 병신되고
징역 살다가 늙어 죽었다
그래도 용케 살아 남은 그날의 목숨들은
오늘 백발 주름얼굴로 그날을 증언해 준다
눈물겨워
감격스러워
자루에 든 송곳 끝은 언젠가는 삐져 나오기 마련
애국민중의 원수들은 국가보안법을 휘둘러
제주 4 · 3학살을 감추려고
51년간 무진 악을 썼지만
진실은 끝내 바로잡히는 법
역사는 전진한다는 천리
제주 4 · 3투쟁은 현대사의 출발이요 최고봉이다
제주 4 · 3 빛나는 자주 봉우리는
이제 수평선 위로 떠오르고 있다

4 · 3학살의 진상이 노근리처럼 규명되면
분단의 원흉인 미군도, 38선도, 국가보안법도
지체없이 물러가야 하거니
그날, 한라산과 백두산은 마주보며
우줄우줄 춤출 것이요
남북 삼천리는 감격의 환호성에 진동할지니
조국의 남북 대통일로
21세기를 열자
새천년을 맞자

(1999. 12. 20. 성남 분당에서)

민중적 천재성을 발휘하라

- 민주노동당 창건을 축하해

민주노동당!
노동 -민주주의
인류가 만들어낸 말 가운데서
노동과 민주주의라는 두 단어는
가장 활력과 위력이 넘치는 낱말이었다
이런 힘찬 생활단어를 이름으로 정한
'민주노동당' 의 창건을
전민족의 이름으로
전체 근로대중의 이름으로
열렬히 축하해 마지않는다
우리들은 지금
안방에 가만히 앉아서도
전세계 구석구석에서 벌어지는 일들을
동시에 자기 손바닥 보듯 빤히 바라볼 수있는
놀라운 초전자파시대에 살고 있다
그 컴퓨터를, 그 인터넷을, 누가 만들었는가?
바로 노동자가 만들었다 전자파기사가 만들었다
이 세상 오만가지 문명이기는

모두 하나같이 노동의 산물이다

아득한 옛날 하늘과 땅이 처음 열리고
사람이 신생의 소리를 올린 순간부터
노동은 인간행위의 으뜸으로 출발했다
노동없이 인간은 하루도 살아갈 수 없다
인류역사의 장엄한 전개는
오직 노동의 힘이었다
우리 삼천리 근역땅 유구한 문화유산도
겨레의 삶의 총체도 노동이 낳았다
농민이 심지 않았다면
노동자가 만들지 않았다면
스승이 가르치지 않았다면
생명도 문화도 끝장이다

정치도 없고 정당도 없는 삭막한 이땅에 태어난
너 앞서가는 절실한 그 이름을 다시 불러 본다
'민주노동당'
건국이래 많은 정당들이 생성 소멸했다
그 가운데서 진정으로
애국 애족 애민한 자주정당이 과연 몇 개나 있었던가?
조금만 지각있는 사람이라면 대답할 것이다
'하나도 없었다' 고

미군이 주둔해 있고
국가보안법 통치하에서는 어쩔 수가 없었다 하더라도
너무했다
기성정치인이란 참으로 파렴치하기 짝이 없다
그렇게도 썩을 수가 있나
잘못된 역사를 바로잡아야 하지 않겠는가
민주노동당이 나온 까닭은 바로 여기에 있다
오늘 국민들은
낡은 정치를 불신한다 침 뱉는다
기성 정당을 혐오한다 저주한다
새로운 진보정치를
새로운 진보정당을 갈망한다
목 놓아 부른다
이에 부응하고자
민주노동당은 첫발을 내디뎠다
역대 정부와 정당들은
노근리학살이나 대전형무소 정치범학살에 대해서
알고도 모르는 척 입을 다물고 있었다
양심언론이나 개인이 알고 있다 해도
감히 엄두를 못냈다
섣불리 발설했다간 빨갱이로 몰려
죽을 지도 모르니까
노근리학살은 1994년 7월에 '말' 지가 이미 보도했건만

언론도 당국도 묵살했다
그러든 것이 저번에 미국 언론의 대담한 폭로로
감춰진 진실은 드디어 위로 떠오르게 되었다
그러나 이것은 빙산의 일각이다
잘못된 현대사는 꼭 바로잡아야 한다
이 성스러운 민족과업 수행에서
민주노동당의 역할에 큰 기대를 걸어본다

조국 분단 56년을 맞았다
한숨과 피눈물의 세월이었다
뒤틀리고 얼어붙은 동토 반역의 세월이었다
새세기 새천년을 맞았다고 야단법석을 떤다
새날을 맞기 위해선
지난 천년,
지난 세기에 대한 냉철한 회고와 반성이 있어야 한다
지난 천년은 빈번한 외세 침입으로
우리의 자주권이 침해되었다
지난 백년간은 식민과 분단으로
자주권을 잃었을 뿐만 아니라
민족은 남과 북으로 양분되었다
새로운 세기를 맞고
새천년이 시작된 현싯점에서
우리 민족의 최대최고 과제는

잃었던 자주권을 되찾고
갈라진 민족을 하나로 묶는 통일위업이다
현재의 IMF난관을 푸는 방법도
외세의존 예속경제에서 벗어나
남북의 화해 협력 자주정신으로 풀어야 한다
속임수 세계화, 신자유주의에 현혹되어서는 안된다
한 · 미 · 일 공조만 아니라
남북공조로 풀어야 한다
남북 칠천만 겨레의 최대 숙원인 통일을 가로막는
냉전구조를 깨야 한다
대표적 장애물은 바로
미군 주둔과 국가보안법이다
형제가 지구밖으로 생이별한 지도 반백년이 넘어
모진 인동초로 눈물의 백발세월을 기다렸다
이젠, 군말도 변명도 필요 없이
미군은 물러가야 하고
국가보안법은 철폐되어야 한다
우리들의 민주노동당은
새 세기 새 천년과 함께
새롭게 장엄하게 출범했다
지금 총선시민연대는 낙천, 낙선운동이라는
신선한 선거혁명 바람을 일으키고 있다
50년 묵은 체증이 뚫린다

썩은 정치인을 도태할 좋은 기회다
세상을 바꾸려는 젊은 기수들에게
뜨거운 격려를 보낸다
민주노동당 백만 당원들은
그 애국 애족 애민의 헌신성 용감성 혁명성은
타의 추종을 불허한다
김대중정권의 잘못된 신자유주의 정책에 맞서
민중의 생존과 권익을 위해 힘차게 싸울 것이다
나라의 고질병인 부정부패를 척결하고
깨끗하고 정직한 사회를 건설하고
불평등 구조를 혁신해
근로대중에게 희망을 주는 개혁운동을
눈부시게 펼칠 것을 확신한다
당장은 4・13총선에 대비해
그 민중적 천재성을 발휘하라
통일 - 평등 - 문화의 융성
새 세상을 꿈꾸는 자만이 새 세상의 주인이 되는 법
노동자가 별을 따오는 세상은 반드시 온다
민주노동당 만세!
노동자해방 만세!
조국통일 만세!

(2000. 1. 30.)

인제 우리도 분단을 청산하고 민족답게 인간답게 살아야 합니다 - 민간인 학살 진상규명에 즈음해

엊그제 6월 15일은
지구상에 마지막 남은 냉전의 얼음덩이가 깨진 날입니다
이 땅 부끄럽고 한맺힌 분단 철조망이 끊어진 날입니다
새천년 새세기 기다리고 기다리던 새역사 제1장이 새로 씌어진 날입니다

북쪽 순안비행장
대한민국 비행기가 착륙, 엔진소리가 멎었습니다
문이 열렸습니다
김대중 대통령 모습이 나타났습니다
잠시 북녘 산하를 바라봅니다
이때, 앗 저건, 카키복장의 김정일 위원장이 아닌가!
트랩아래에서 걸음을 멈췄습니다
두 사람은 마주보고 박수를 칩니다
김 대통령이 트랩을 내려오기 시작합니다
1초 2초 3초 ……

칠천만의 눈은, 전세계의 눈은, TV화면에 빨려들어갔습니다
드디어, 두 사람은
두 손을 굳게 억세게 마주 잡았습니다
'반갑습니다!'
'만나서 반갑습니다!'
2000년 6월 13일 오전 10시 36분 20초!
감격, 감동, 환호, 탄성, 민족적, 역사적……
다 모자랍니다
필설로 표현하기 어렵습니다

남북 분단 56년만에
남북 두 지도자는
칠천만 겨레와 전세계의 주시하에
굳게 악수하고 머리를 맞대고
남북의 화해 협력과 통일문제를
자주적으로 풀어나가기로 토의 선언했습니다
그 역사적 민족적 의의는
자못 막대 막중합니다

6 · 25동란 시기
미군은 우리나라에 진주하면서
수많은 양민학살 만행을 저질렀습니다

그 진상은 과연 어떠하였던가요?
민족분단의 한과 피눈물은 그 얼마였던가요?

뒷동산 나무토막이 두 동강난게 아닙니다
시냇가 돌멩이가 둘로 쪼개진 게 아닙니다
형제가, 국토가, 둘로 갈라졌단 말입니다
그것도 십년 이십년도 아닌 반백년 동안이나 말입니다
이 엄청난 민족비극의 참상을
누가, 무엇이, 왜
우리 겨레에게 앵겨주었단 말입니까?

역사의 진실은
태산의 힘으로도 억눌러 둘 수 없습니다
역사의 진실은
아무리 탄압해도, 아무리 왜곡해도
언젠가는 그 진면목이 반드시 밝혀지기 마련입니다
이는 역사발전, 문화발전의 엄연한 진리입니다

우리들은, 오늘
6 · 25동란 전후해서
미군에 의한,
우리 국군과 경찰에 의한

양민학살의 만행이 어떠했던가를 규명 해내고자
나아가서는 분단비극의 원흉이 무엇인가를 밝혀내고자,
여기에 모였습니다
그러면 왜 50년이 넘도록 그 진상이 규명되지 못하였습니까?
대답은 간단합니다
미군주둔과 '국가보안법' 이라는 희대의 악법 때문입니다
멀리로는 이승만의 친일 반역분자 중용과 친일 군사독재의 반공 분열정책 때문입니다
AP통신에 의해 베일이 벗겨진 노근리학살에 대해서 말한다면
'말' 지 오연호 기자가
1994년 7월에 이미 그 진상을 소상히 보도했습니다
그러나, 우리 언론도 당국도 묵살했습니다
독자도 쉬쉬했습니다
입을 잘못 놀렸다간 빨갱이로 몰리기 십상이기 때문입니다
오연호 기자는 노근리 외에도 아홉 군데 학살에 대해 보도한 바 있습니다
5년후인 1999년 10월 AP통신은
노근리학살 진상을 가담자들의 생생한 증언을 통해

폭로했습니다

이렇게 해서

노근리 학살은 50년이라는 긴긴 억압의 침묵을 깨고

수면 위로 떠올랐습니다

그러나 당국도 언론도 여전히 소극적 대응으로 일관하고 있습니다

노근리학살은 사실은 빙산의 일각에 지나지 않습니다

남북 삼천리 미군이 간 곳마다 노근리는 있었습니다

제주도에서는 1947년부터

이른바 빨갱이와 그 가족에 대한 학살이 자행되었고

1948년 4 · 3학살에서 참극은 절정을 이루었습니다

1948년경부터 지리산 백아산 회문산 덕유산 주변 입산자 가족들을 학살하기 시작했습니다

필자는 1949년 10월 경남 함양군 도북리에서 학살된 34명의 명단을 가지고 있습니다

1949년부터 동란 직후까지 자행된 보도연맹가입자 학살수도 엄청납니다

어떤 마을에서는 2, 3십 명이라니 그 수를 어떻게 헤아려야 좋을지요

동란 직후 경남 거창군 한 개 면에서 학살된 수만도 7백여 명이라는 것은 널리 알려진 사실입니다

6 · 25직후 각 형무소에서 경찰에 의해 학살된 소위 좌익사범 수도 무척 많습니다

AP통신은 30만이라고도 보도했습니다
학살자 수는 정확히 아는 사람은 없습니다
관계자들의 말을 종합해서 추측해 보면
50만에서 60만이 짚어집니다
1945년 9월 8일부터 1999년 5월까지
신문 잡지에 발표된 미군범죄의 건수는
469건입니다
실제로는 훨씬 더 많을 겁니다
이 가운데 우리 사법부가 재판권을 행사한 것은
2, 3%에 불과합니다
굴욕적 한미행정협정은 반드시 개정되어야 합니다
미군의 학살과 범죄의 진상은 역사를 바로잡는 차원에서 반드시 밝혀져야 합니다
피살자 본인의 명예회복은 말할 것도없고
그 유족들에 대한 정신적 물질적 보상도 꼭 이루어져야 합니다
지난 6월 15일에 발표된 남북 공동선언으로
미군도 국가보안법도 쓸모없게 되었습니다
어서 미군은 물러가고
당장 국가보안법은 폐기되어야 합니다

(2000. 6. 21.)

반백년 막힘을 뚫고

- 북의 시선집 출간에 부쳐

북쪽, 정확히 말해서 조선민주주의인민공화국에서 시 활동을 하는 시인들의 1930년대부터 1990년대 초까지의 시선집을 낸다니 이런 반가운 일이 또 어데 있겠는가 분단 56년만에 처음 듣는 일이다 더구나 연만한 기성문인도 아닌 30대 무명시인에 의해서 이루워졌으니 놀랍고 대견할 뿐이다 그 주인공인즉 수많은 고난 경험을 쌓은 노동자 출신 청년시인 김형효다. 1997년에『사람의 사막에서』라는 첫시집을 냈고 1999년 봄부터 피복장사로 자금을 마련해 '시와 혁명' 이라는 격월간 잡지 다섯권을 이미 발행한 놀라운 불굴의 젊은이다

민중시도 혁명시도 통일시도 완전히 자취를 감춘 삭막한 90년대 말에 '시와 혁명' 이라는 기치를 추켜 들고 혜성처럼 나타나다니, 이건 칠년대한만의 소낙비가 아닐 수 없다

그 김형효가 지난 8월 8일 축하글인가 격려말인가를 써 달라며 분당 내 집으로 찾아 왔다

지난 봄에 중국 연변에 가서 연변 시인과 북쪽 시인의

자료들을 모으고 다른 자료도 발굴해 돌아와서 금번 이 선집을 내게 됐다는 것이다. 현재 방송대학 졸업반으로 대학보에도 글을 쓰고 있다. 2000년 7월 1일자 신문을 펴 보인다

'55년만에 발굴된 항일민족시인 심연수

항아리에 묻어둔 민족의 서사, 한줄기 빛으로 되살아나.' 라는 큰 제목을 보는 순간 나는 깜짝 놀랐다

'沈連洙!

내 뇌리에서 잊혀지지 않는 한 이름이 아닌가. 벌써 57년전 일, 일본대학 예술부 창작과 동기로 1943년 12월 내가 연안을 향해 떠날 때 작별인사도 못하고 갈라진 다정한 시우다 한 20년 전이든가 듣자니 해방 직후 귀국길에서 뜻밖의 변을 당했다고 했다. 나는 복통을 쳤다 혁명적이라는 점에서는 윤동주를 능가하는 무명시인이었다 그런 심련수를 발굴했다니! 나는 김형효의 손을 잡고 치하의 말을 아끼지 않았다

그 이름 '시와 혁명'

나는 시는 원천적으로 혁명적이라는 말문을 열고 폭포설을 내뿜었다

오늘 우리 시단의 무방향 무기력을 개탄했다

이 시선집은 그쪽 시인들이 오늘의 강성대국을 이룩하는데 어떠한 역할을 했는가를 잘 보여주고 있다 오영

재 시인은 '조국이 사랑하는 처녀' 에서 다음과 같이 노래했다

(전략)
너는 사회주의 조국이 키워낸
맑고 굳고 빛나는 수정알
가버린 시대의 여인들이 가지는 흐린 동자는 영원히 사라지고
너의 눈빛은 조선의 하늘처럼 맑다
모내기철에 혼자서 이만평을 꽂아낸
너의 손을 수령님께서 어루만져 주시고 치하해 주실 때
너의 눈에서 흘러내리는 것은 그대로 아름다운 구슬이었다
다 하지 못한 일을 두고는
두고두고 가슴에 맺혀 너는 잊지 못해도
해놓은 기적같은 일을 두고는 계산을 따질 줄 몰라
(하략)

김상오 시인은 「나의 조국」이라는 시를 다음과 같이 끝맺었다

(상략)

그렇다, 조국은
수령님 찾아주신 우리의 삶
수령님 안겨주신 우리의 긍지
영원한 영원한 그이의 품

그 품이어라!
조국이여 나의 조국이여

북쪽 시인들도 80년대부터 주체사상 일변도에서 벗어나 사랑과 자연물도 노래하기 시작했다. 서진열 시인은 「사랑은 어디에 있는가」라는 시에서

……
불꽃튀는 기대 옆에
산처럼 쌓아 놓은 폐품에
아름다운 그 얼굴 비껴 있으리
달빛으로는 볼 수 없는
그 마음 - 진정까지도

〈연변문학〉 편집장 석화 시인의 해설은 저간의 정황을 잘 증명해주고 있다 남북 두 지도자의 6·15공동선언으로 남북 화해 교류는 날마다 분출하고 있다 곧 벌어질 남북 시인들의 교류에 이 시선집이 훌륭한 징검다리

역할을 할 것은 틀림없다

우리 남쪽 시인뿐 아니라 일반 독자들에게도 유익한 선물이 될 것을 믿어 의심치 않는다

(2000. 8. 9. 경기도 분당 숯내가에서)

해가 보이지 않는 나라의 언론백서

- 눈보라 속 국가보안법철폐 단식 농성장에서

지난 50여년간
날마다 해가 보이지 않았다
저 뒷골목 환락가 백야의 등불이 아무리 휘황해도
날씨는 늘 흐리고 어둠 침침했다
가끔 검은 폭풍이 불어닥쳤다
대통령이 노벨평화상 타러 가는 날도
마음이 허기져 통 기뻐지질 않았다
감옥 창살을 부여잡고
발을 구르는 아우성만이 무거운 공기를 뚫고 울렸다
한국 언론아 어디 한번 말해 봐
왜 해가 보이지 않니?
왜 이리도 우울하고 답답하냐?
다시 물어보자
네가 외세나 악법 철폐를 주장한 일이 있니?
이북을 똑바로 보고 제대로 보도한 적이 있니?
친일, 친미, 친금권 외에 한 일이 있냐
그러고도
신사랍시고 넥타이를 매고 다니지

한 가지 예를 들어볼까

2000년 12월 5일 오전 10시 추운 아침
명동성당 민주성지 계단
국가보안법철폐 농성 천막 깃발이 휘날렸다
재야단체장과 원로들이
박정희기념관 저지와
국가보안법 철폐를 촉구하는
기자회견장
그 목소리는 하늘에 닿아건만

다음날 새벽 불나게 한겨레신문을 펼쳤다
박정희기념관 저지 기사는 아예 없고 사회면 아래구석에 '국민연대, 국보법폐지 촉구' (3호활자) 제하의 1단 기사 열한줄 뿐
그 옆 '서울대생 73% 수학 어려워' (2호활자) 제하의 2단 기사 41줄
최진실 결혼식 기사도 2단에 사진을 곁들여 19줄
그래, 민주화나 통일문제보다 학력이나 결혼문제가 더 중요하단 말인가
무식도 유만부동이지
여타 신문은 이미 버린 자식이라 치자
국민주 신문 '한겨레' 마저 이래서야 되나

통일의 입장에서 볼 때
한국 언론은 지난 50여년간 이런 식으로 썩어왔다
반공교육의 만력을 실감했다
통일을 외면하는 언론
언론의 수치다 수치다
단군 할아버지와 선열들이 호령하신다
'뎨끼, 미지한 망동인고!
역사와 겨레가 꾸짖는다
'철부지들아, 앞으로 나아가야지……'

(2000. 12. 10. 분당 숯내가에서)

겨레의 푸른 꿈을 향해

- 민족문제연구소 창립 10주년에

겨레의 동맥이 끊겨 57년이 되었습니다
국토가 동강나 반백년이 넘었습니다
그날의 홍안 흑발이 노안 백발이 되었습니다
참으로 넌더리나는 시대입니다
어쩌다가 이런 못된 세상을 만났지요
이보다 더한 민족비극이 또 어데있단 말입니까
삼천리는 여전 비단결같이 아름답습니다
칠천만은 여전 선량한 백의민족입니까
아무리 한탄해도
아무리 분개해도 모자랍니다
지구촌 한탄과 분통을 모두 합쳐도 미치지 못합니다
그 원인은 어디에 있습니까?
이승만이 대한민국을 세울 때
민족의 운명이 걸린 일제잔재 청산을 하지 않았기 때문입니다
되레, 배족 친일 무리들을 끌어들여 중용했습니다
반일 독립투사들을 빨갱이 공산주의자로 몰아
잔인하게 제거했습니다

애국과 비애국이 완전히 뒤바뀐 셈이지요
당시 정치대립은
좌익과 우익이 아니라, 실제로는
애국과 비애국의 대립이었습니다
선과 악, 정의와 불의, 진실과 거짓이 뒤바뀌고 혼돈되었습니다
모든 가치척도가 전도되었습니다
이런 모순된 나라틀을 반백년 동안 지탱해 준 것은 바로
미군주둔이요
국가보안법이요
반공교육이었습니다
오늘 우리 대한민국에서는
제대로 되는 일은 하나도 없습니다
정치가도 없고 애국자도 없습니다
부정 부패 사기 협박 폭력 도박 마약 강간 절도 강도 살인이 판을 칩니다
세계화 신자유주의 미명하에
돈과 성이 최고 목표로 군림했습니다
통일의 입장에서 볼 때
정치 사회 문화 언론이 싹다 썩었습니다
모두들 헛것을 붙잡고 삶을 천박하게 탕진하고 있습니다

외세의존 예속경제에 얽매이고
민의에 어긋나는 악법으로 다스렸으니
오늘의 꼴이 될 수 밖에 없습니다

1930년대 민족시인 이상화는
'빼앗긴 들에도 봄은 오는가' 라고
독립을 향한 혁명적 로맨티시즘을 토로한 바 있습니다
70년이 저며간 오늘, 우리들은
'돌아온 들에 봄은 왜 오지 않는가' 라고 반문 자탄합니다
답답합니다
우울합니다
미칠 지경입니다
폭풍아 불어라
소낙아 쏟아져라
백년전, 이용구 이완용, 송병준 무리들을 떠올리며
국가보안법폐지 반대자들을 생각해 봅니다
그들의 공통점은 외세의존입니다

오늘은 민족문제연구소 창립 10주년을 기념하고
아울러 「통일시대 민족문화재단」이 탄생하는 뜻깊은 날입니다

친일파 연구의 대가 임종국 선생의 유지를 받들어
일재잔재를 청산하고 왜곡된 현대사를 바로잡는 큰일에
민족문제연구소가 쌓은 업적을
온 국민은 높이 평가하고 격려를 보냅니다
10년전 민족문제연구소 출현, 그것은
자주, 민주, 통일을 향한
알차고 신선한 애국의 바람이었습니다
작년 6월 남북정상 선언으로 민족문제연구소는
더 큰 빛을 받았습니다
오늘 다시 「통일시대 민족문화재단」 출범으로
겨레의 앞날은 한층 더 밝아졌습니다
잘못된 과거사 청산과 정의사회 구현
방대한 친일인명사전 편찬
일제침략자료총서 발간 등
야심찬 실사구시적 사업계획에
전민족의 가슴은 설레입니다
우리 민족은 식민과 분단으로 백년을 헛살고도
반공 중독으로 아직 정신을 못 차리고 있습니다
박정희기념관을 세운다느니
국가보안법을 그대로 두자느니
남북 평화선언을 반대한다느니
시대에 맞지 않는 헛소리만 칩니다

결단코 더는 헛살지 말아야 합니다
홍익인간 정신으로 통일의 그날을 앞당겨야 합니다
그날을 위해서
민족문제연구소 성원들은
일제잔재 청산과
바른 현대사 정립에
발벗고 나선 것입니다
밤낮 없이 뛰는 것입니다
민족문제연구소와 통일시대 민족문화재단 앞날에
크낙한 승리와 영광이 있으리라 확신합니다
일본 극우세력은 지금
저들의 지난 날 침략을 해방이라고 우기며
역사를 거스르는 망언 망동을 일삼고 있습니다
그런 교과서를 만든다고 혈안이 돼있습니다
천부당 만부당 안됩니다
용납 못합니다
자, 일제잔재를 깨끗이 청산하고
힘차게 전진합시다

(2001. 3. 1.)

조국통일로 총진군하자

- 6.15남북공동선언 실천과 민족통일 촉진을 위한 수원지역 청년학생 통일 대토론회

남과 북의 두 정상이 6 · 15공동선언을 발표한 지도 벌써 한 돌이 지났습니다

그때 장관급회담 언론사 사장단 초청 등으로 통일 열기는 고조되었습니다

그러자 남쪽의 반통일 세력과 언론들은 사력을 다해 반통일 악선전을 퍼붓기 시작했습니다

때로는 직설적으로

때로는 은밀 교묘한 언사로

통일의 물줄기를 가로막았습니다

야당 김모의원은 출처 불명의 '김정일 체포조' 라는 삐라를 쳐들어 보이며 '민심이 이러한데 김정일이 못 온다' 라고 목에 핏대를 올렸습니다

정치적 자질이 낮은 미국 대통령 부시는

우리 형제국인 북쪽을 낡고 썩은 수법으로

미련하게도 목조이는 발언을 하자

야당 총재라는 사람은

'우리 야당과 생각이 같다' 고 희희락락 했습니다

대야당 총재가 이런식으로 통일에 찬물을 끼얹으니

어안이 벙벙하고 한심할 따름입니다
미국은 지난번 유엔인권위 이사국에서 탈락한 수모를 반성하고
대북정책을 바로잡아야 합니다
미국은 핵과 미사일을 놀랍게도 1만 8천여개나 갖고 있으면서도
핵 한 개도 갖고 있지 않는 북쪽을
위험한 불량국가라고 윽박지릅니다
이건 애당초 말도 안됩니다
지난 번 김대중 대통령 방미시
부시는
우리 대한민국 대통령이요 노벨평화상을 수상한 대인물에 대해
'디스 맨' 이니 '겟 아웃' 이라는 말을 뱉고 하대했다니
이건 하등 깡패 아니면 백치의 언사가 아니겠습니까
우리 국민들은 분노에 넘쳐 떨리고 소름이 끼칩니다
금년 2001년은 남북 분단 57년이 되는 해입니다
한숨과 피눈물의 57년!
일제강점 36년보다 21년이나 더 긴 피세월이었습니다
그 긴긴 세월 동안
왜 통일이 못 되었습니까?
답답합니다 오간장이 찢어집니다

백두산아 말해다오 한라산아 대답해주렴
한강아 대동강아 왜 그저 흐르기만 하느냐
똑부러지게 한마디로 말한다면
미군 주둔과
국가보안법 때문입니다
그런데 이를 말하는 사람이 없습니다
보통국민은 물론이고 정치가도 국회의원도 말하지 않습니다
신문, 잡지, 라디오, TV도 말하지 않습니다
심지어 재야 단체장조차도 말하기를 꺼려합니다
다만, 한총련과 범민련의 외로운 집회에서
간간이 목청을 높일 뿐입니다
부지불식간에 금단의 성역으로 되어버린 겁니다
왜 이럴까요?
선불리 말했다간 빨갱이, 공산주의자로 몰려
법망에 옭혀가기 십상이기 때문입니다
이것이 우리나라의 비민주적 현실입니다
엄격히 말해서, 우리 대한민국에는 언론의 자유도 인권의 보장도 없었습니다
미군 철수와 국가보안법 철폐를 위한 가장 안전한 방법은
국회에서 의결하면 됩니다
그런데 국회에서 안합니다

미군과 국가보안법을 그대로 두고 통일 운운하는 것은
사리에 맞지 않는 거짓말입니다
현하 우리나라의 정치 경제 교육 사회 문화의 전반적 현상은
헛것을 붙잡고 삶을 천박하게 탕진하고 있습니다
이 자리에 모인 여러분들은 그렇지 않지만
일반적 보통 청년 학생들에 대해서 말한다면
소련과 동구 사회주의정권이 무너진 이후
목표도 희망도 연구도 없이
실의와 자탄에 빠져 갈팡질팡했습니다
신자유주의니 세계화니 하는 잘못된 이념공세에 밀려
정처없이 흘러갈 뿐이었습니다
신자유주의나 세계화의 본질은
미국이 정치 경제 문화 군사적으로
세계 최고위치에 군림해
저들이 만든 상품과 무기를 전세계에 팔아먹기 위한
술책이라고 생각합니다
이 술책 앞에서는
민족평등이나 민족자주라는 말은 맥을 못춥니다
예예 굽신거리고 시키는 대로 따라야만 합니다
자주나 진보 정의와는 거리가 먼 팟쇼론자로서
민중과도 상충되는 잘못된 논리입니다

우리 역대정권은 너무나 미국 일변도로 의존하고 얽매여 왔습니다

자주 자립으로 돌아와

한 · 미 · 일 공조가 아니라 남북공조를 튼튼히 다져야 합니다

이것이 곧 6 · 15 공동선언 정신을 살리는 길이요

조국통일의 정도요 대도라고 생각합니다

통일을 위해 온 국민은 미칠 정도가 되어야 합니다

예술가는 통일을 노래하고 그리고 율동해야 합니다

음악동아리들은 통일로에서 명동에서 동구앞에서

통일의 북과 징을 울려야 합니다

농민 노동자 사무원 상인은

통일을 위해 심고 만들고 쓰고 팔아야 합니다

청년 학생들은 그 싱싱한 정신과 육체를 통일에 바쳐야 합니다

반통일 반북 언사를 일소하고

김정일 위원장을 환영하는 뜨거운 분위기를 조성해야 합니다

청년 학생들은 이 일에 앞장서야 합니다

위대한 조국통일 만세!

남북의 청년 학생은 통일을 향해 총단결하자!

(2001. 6. 26.)

모든 길은 통일을 향해

- 노동자 통일일꾼 전진대회에서

국토가 쪼개지고, 나라가 따로 서고, 형제가 갈라져 57년이 되었습니다

일제 강점 36년보다 21년이나 더 긴 한맺힌 피눈물의 세월이었습니다

세상 천지 이보다 더 큰 민족비극이 또 어데 있단 말입니까

왜 이렇게 되었습니까?

긴 말 늘어놓을 것 없이 한마디로 말하면

미군 주둔과 국가보안법 때문입니다

미군이 없었더라면, 국가보안법이 없었더라면,

이런 기막힌 민족비극은 애당초 일어나지 않았을 겁니다

그런데, 이상하게도

그 미군주둔의 부당성을 말하는 사람이 없습니다

그 보안법 철폐를 주장하는 사람이 없습니다

간혹 재야 일각에서 미지근하게 말했다 하더라도

그저 바람결에 스쳐가고 맙니다

이를 악물고 본격적으로 말했다간

반공법이나 국가보안법에 걸려 잡혀가기 십상이기 때문이었습니다

지난 날 군사독재 시기에는 미군철수나 보안법철폐는 커녕 통일이라는 말 자체를 할 수가 없었습니다

대구 유성환씨는 80년대 중반

국시는 반공이 아니라 통일이라고 말했다가 철창신세를 진 일이 있었습니다

광주 5월항쟁 이후에는 군사독재의 서슬이 많이 꺾이기는 했지만

문민정부를 거쳐 오늘에 이르기까지

근본적으로 달라진 것은 하나도 없습니다

미군은 서슬 푸르게 주둔해 있고 보안법은 여전히 악명을 떨치며 애국인사 청년학생들을 잡아가고 있습니다

김대중 대통령 치적 중 대북관계는 월등하게 호전되었습니다

6 · 15남북정상공동선언은 그 민족적 역사적 의의는 막중합니다

그후 일년이 지난 오늘

약간의 진전이 있을 뿐 속시원한 근본적 진전은 없습니다

미국의 새 대통령 부시가

클린턴의 대북정책을 깔아뭉개려고 하기 때문입니다

지난 3월 김대중 대통령이 부시를 만났을 때

남북공동선언에 입각한 민족자주정신을 보여주지 못한 것이 실책이었습니다
부시에 맞장구를 쳐
한나라당 이회창 총재는 '우리 당과 생각이 같다' 고
희희낙락했으니
국사는 꼬일 수밖에 없습니다
한나라당 지도부는
국가보안법 존속을 강력히 주장하는데
이보다 더한 반역사 반민족 반애국은 없습니다
한나라당 지도부는 하루 바삐 역사의 길, 겨레의 길로 돌아서야 합니다
미군철수나 보안법철폐 문제는 언론이 떠들고 국회에서 가결하면
간단히 해결됩니다
또 대통령이 의지만 있다면
당장 쉽게 풀릴 수 있습니다
그런데 언론도 국회도 대통령도 하지 않습니다
국민이 떠들면 잡아갑니다
국회의원이나 논객 중에는 정치가도 없고 애국자도 없습니다
미군철수와 국가보안법 철폐를 당당히 주장하고 나선다면
그 국회의원은

그 논객은
하루아침에 정치가가 되고 애국자가 됩니다
아니 영웅이 됩니다
오늘 이 모임의 명칭은
'노동자 통일일꾼 전진대회' 입니다
풀이해 말하면 노동자들이 통일운동의 제일선에 나선다는 뜻입니다
만시지탄이 있지만
얼마나 정확하고 핵심을 찌른 말입니까
저는 건국 이후 우리나라 50여년간의 노동운동이
경제투쟁만 일삼았지, 정치투쟁 즉 통일투쟁을 하지 않은데 대한 불만을 기회 있을 때마다 토로했습니다
물론, 반공법이나 보안법에 걸려
빨갱이 공산당으로 몰려
일생을 망칠 것이 두려워서 못했을 겁니다
그러나, 단결된 노동자의 힘으로 이제는 이 잘못된 벽을 뚫어야 합니다
하지만, 6·15공동선언 이후는
사태가 많이 호전되었습니다
국가보안법이 시대에 맞지 않는 썩은 법이라는 인식도 아주 넓어졌습니다
이러한 때에 노동청년 여러분들이
통일운동의 일선에 나서서 목소리를 높인다는 것은

겨레의 행복을 위해 역사의 전진을 위해
얼마나 떳떳하고 영광스러운 일입니까
온 국민은 각자의 일터에서
통일을 위해 일떠서야 합니다
농민과 노동자는 통일을 위해 심고 만들어야 하고
선생님은 통일을 가르쳐야 하고
시인은 통일시를 쓰고, 미술가는 통일그림을 그리고,
가수는 통일을 노래해야 합니다
연극인 영화인 무용가도 마찬가지입니다
음악동아리들은
거리에서 마을에서 통일로에서
통일을 위해 북과 징을 울려야 합니다
이렇게 하면 통일의 새벽은 화안히 동터옵니다
그날 남북 칠천만은
백두산에 올라
한라산에 올라,
통일의 환호성을 목터져라 외칠 것입니다
여러분들의 건강과 건투를 빕니다
노동자들의 통일운동 만세!
위대한 조국통일 만세!

(2001. 7. 14.)

우리들의 영원한 스승 청암 송건호 선생 영전에

우리들은 지금
한국 언론계의 큰 기둥이었던 청암 송건호 선생을
우리들과 유명을 달리하는
저 세상으로 보내고 있습니다
설움이 복받칩니다
가슴이 찢어집니다
아, 언론계의 큰별이 떨어졌습니다
청암 선생은
지난 시기 못된 정권의 고문 후유증으로 돌아가셨습니다
원통하고 아깝습니다
이 땅의 참귀는, 지금
백두산과 한라산의,
한강과 대동강의,
흐느낌을 듣고 있습니다
선생은
못된 세상
못된 언론을 바로잡으려고

선두에서 몸부림치고 싸웠습니다
창암 선생은, 역사상
장지연 선생이나 신채호 선생 때보다도
더 어려운 엄혹한 여건에서 싸웠습니다
동아일보가 독재정권에 굴복해
132명의 기자를 내쫓자
선생은 편집국장 직책을 헌신짝처럼 내던지고
민주언론의 모태 '언협' 을 창설했습니다
곧 이어 국민주 한겨레신문을 창간했습니다
한편, 빛나는 저서와 저술들로 세상을 밝혔습니다
탄압의 총칼 숲에서도
저 '보도지침' 을 만천하에 쾅 폭로했습니다
이런 혁혁한 역사적 큰일들을
두려움 없이, 주저없이, 대담하게, 당당히 해냈습니다
범인으로서는 감히 엄두도 못 내지요
청암 선생은 강직한 조선조 선비의 마지막 분입니다
선생은 강직하면서도 따사롭고 인자했습니다
선생과 잠시라도 사귄 분이라면 누구나 느꼈을 겁니다
가짜와 헛것이 천박하게 판을 치는 요즘 세상에서
선생은 진짜 중의 진짜요
인간 중의 참인간이었습니다
선진 이론과 학식과 실천을 겸한

보기 드문 지혜의 소유자였습니다
선생은 우리 언론계에서 최고봉의 바위산입니다
최고의 지성인입니다
현대의 의인이요 거인입니다

현재, 우리 언론은 통일의 입장에서 볼 때 역사상 최고로 썩어 있습니다
57년간 우방이라는 미국이 최신형 살인무기로 약소국 아프칸을 2개월간 싹쓸이 융단폭격하고 그 여세를 몰아 북쪽 형제국을 친대도 우리 언론은 유구무언입니다
외람되게도 민족지를 자처하는 몇몇 신문과 주월간잡지들은
교묘하고 음험한 수법으로
겨레와 역사를 거스르는 논설과 기사를 일삼고 있습니다
저들은 남북 분단 57년간
통일에 원천적 걸림돌이 되는 미군주둔과 국가보안법에 대해
그 철수와 철폐를 단 한 번도 거론한 적이 없었습니다
도리어, 뻔뻔스럽고 파렴치하게도
외세 잔류와 악법 존속을 거론하고 있습니다
일제 잔재는, 청산은 커녕 되레 되살리려고 안간힘을 쓰고 있습니다

다행히, 선생의 미더운 동지와 후학들은
언론개혁의 목소리를 드높여
상당한 성과를 거두고 있습니다
이 세상에 남은 우리들은
선생의 유지를 드높이 받들어
참다운 언론개혁
참다운 민주화, 참다운 평화,
참다운 통일운동을 가일층 힘차게 벌여나갈 것을 거듭 맹세합니다
송건호 선생님의 가르침과 목소리는 저희들의 가슴속에 별자리로 자리잡아
어려울 때, 약해질 때, 힘을 얻을 것입니다
우리들의 영원한 스승이신
청암 송건호 선생이시여
고이 눈 감으시고
영계에서도 저희들에게 내내
힘과 용기를 주시옵소서

(2001. 12. 24.)

위대한 조국산하의 부름을 받아

-6 . 25전쟁, 전후 미군학살의 진상을 밝히는 모임에서

우리들은, 오늘
눈물과 회한과 그리고 새로운 각오로
6 · 25전쟁 52주년을 맞았습니다

백두산 박달나무는 만고에 푸르고 푸릅니다
남산 소나무도, 한라산 구상나무도, 만고에 청청 푸릅니다
한강도 대동강도 압록강도 낙동강도 만고에 내내 청청 흐르고 흐릅니다
저 푸르름은, 저 흐름은, 유구한 겨레의 깃발이거니
우리들은, 지금
저 유구한 조국 산하를 가슴 메이게 바라보며
이 숙연한 자리에 모였습니다
우선, 미군의 조직적 의도적, 학살에 의해 희생된
남북 수백만 영령들에게 정중한 조의를 올립니다
아울러, 그 유가족들과 폭격이나 총상 후유증으로 고생하시는 모든 분들에게
진심으로 머리숙여 위로의 말씀을 드립니다

이 어마어마한 민족 학살 대비극이
50여년 동안 검은 철보자기에 억싸여 땅속에 묻혀있어야 했으니
기막히고 원통하기 그지없습니다
이런 대비극이 동서고금 우리 대한민국 말고
지구상 또 어디에 있었단 말입니까
그 진실을 섣불리 말했다간
남로당, 빨갱이, 좌익, 용공분자, 공산당으로 몰려
신세를 망치고 패가가 되기 십상이니
누가 감히 말할 수 있었겠습니까
참다 참다 벼르다 벼르다, 드디어
노근리 정은용 서정구 양해찬 정구호 정구헌 정구도 등 어른들이
'노근리 미군양민학살사건 대책위원회' 를 만든 것은
1994년 6월이었습니다
다음 달 7월에 '말' 지 오연호 기자는
노근리 미군 만행을 온 천하에 알렸습니다
그러나, 우리 대한민국 정부와 언론은
노근리 만행을 묵살했습니다
양심이 없고 뻔뻔스럽지요
5년이 지난 1999년 10월
AP통신 최상훈 기자는
미군 학살 당사자의 생생한 증언을 통해

노근리 학살의 진상을 전세계에 보도했습니다
끝내, 크린턴의 사과까지 받아냈습니다
2001년 6월 뉴욕 인터처치센터에서
(이하 앞 시 「미국인 램지클라크」 참조 램지클라크의 말 전부를 생략함)
램지 선생이시어!
고맙습니다
당신은 위대합니다
재판은 당시의 미 대통령과 군사령관에게 유죄판결을 내렸습니다
하지만, 법적 실효성은 없고 상징성에 그칠 수밖에 없었습니다
남북 삼천리 미군의 군화 발꿉이 닿은 곳마다
야만적 학살의 핏자욱은 흥건했습니다
잔인 무쌍한 죽임의 아우성은 이 순간에도 귀청을 찢습니다
우리의 죄없는 선량한 형제를 수백만명이나 학살한 미국이
지난 50여년간 단 한마디 사과도 없었습니다
우리 동방예의지국의 안목으로 볼때
이건 야만입니다
무슨 문명국입니까
미국은 과연 우리의

우방입니까
맹방입니까
지난 반세기 동안 우리나라를
정치 경제 문화적으로 예속시켜 놓고
오만한 고자세 턱지거리로 일관했습니다
더구나 부시는
북쪽 우리 형제국을 천부당 만부당 테러국 악의 축으로 지목하고
거듭 목을 조이고 있습니다
미국이 지난 시기 남쪽에서 벌인 일이란
남북 통일을 방해한 것뿐입니다
어서, 정전협정을 평화협정으로 바꿔놓고
신사답게 우리 땅에서 물러가야 합니다
우리의 남북통일을 위하여, 미국의 명예를 위하여
이보다 더 좋은 일은 없습니다
천추에 용서 못할 미군의 양민 학살 진상은
반드시 낱낱이 규명되어야 합니다
일월과 선열이 내려다 봅니다
미국은 그 유족들에게
정신적 물질적 보상을 꼭 치러야 합니다
이제 남북 칠천만 우리민족은
월드컵 열기로, 아리랑축전 열기로,
미군 철수를 외칠 것입니다

국가보안법 철폐를 외칠 것입니다
월드컵 4강에 오른 열기로
조국 통일의 기세를 더욱 높여나갈 것입니다
미군은 시간을 끌지 말고 물러가라
위대한 조국 통일 만세!

(2002. 6. 25.)

청풍아 혼풍아 불어 다오

- 상해 임시정부 수립을 돌아보며

상해 대한민국 임시정부 수립!

가슴이 울렁거린다
백발도 나이도 모른다
아마 내 대여섯 살 때 기언인 듯 싶다
그러니, 1922, 3년일 테지
밤중에 자다가 삼촌의 목소리가 들렸다
"너무 캄캄해서 짚단에 불을 켜들고 오는데
등 뒤에서 느닷없이 '너 신정부지?' 하는 목소리가 들려
무슨 뚱딴지 같은 소릴 …
자세히 설명해 주니 우리집 앞까지 따라오다가 가버리드라구"
'신정부!'
처음 듣는 소리고
의미도 알리 없다
함흥고보에 들어가서 한설야 선생댁을 드나들면서
상해 임시정부 소식을 비로소 들었다

1919년 4월 10일 '대한독립만세' 소리가 한창일 무렵
상해 임시정부가 수립되었다
망국의 한을 떨치고
이역만리에서나마 나라를 세웠다
군자금 모집을 위해 국내에 밀사를 파견했다
이 독립꾼을
함경도 산꼴 내 고향에서는
'신정부' 라 불렀다
가슴 죄우는 꿈같은 이야기다
8 · 15해방 감격도 잠깐
나라가 갈라져 끔직해라 59년간 민족비극이 이어졌다
만감이 가슴을 친다
그때도 진보와 수구가 맞섰고
오늘도 진보와 수구가 맞섰다
그때의 수구는 그래도
헌법에 '人民' 이라는 말을 넣을 정도로
너그럽고 아름다웠다
오늘의 수구는
민족 양심도 기개도 싹다 팽개쳤다
식민과 분단 백년을 헛살고도
아직 정신을 못 차려
국가보안법 같은 천하 악법을 그대로 두자 하니
언어도단 천부당 만부당 말기정신병자가 아닌가

저 사람들은 단군의 후손이 아니다

자, 우리들은 오늘
어떻게 해야 할 것인가
85년전 상해 불란서 조계 김신부로에 모여든
독립투사들의 열띤 목소리를 다시 경청해야 한다
단군과 뭇 독립선열들의 가르침에 귀를 기울여야 한다
외세의존에서 벗어나 자주자립으로 정치틀을 바꿔야 한다
한 · 미 · 일 공조가 아니라 남, 북공조로 형제가 손잡아야 한다
정치와 생활의 최고목표를 단연 통일에 두어야 한다

남북 분단 오호라 59년!
이가 시리다 사지가 굳는다
숨이 막혀 가슴이 터져 죽을지경
청풍아 혼풍아 불어 다오
천지개벽의 새아침아 열려 다오

(2004년 마지막 달 초아흐렛날)

애국 통일의 말 없는 횃불

- 국회앞 국가보안법 폐지 애국단식 농성에 부쳐

내 삶은 무엇을 위해 바쳐야 하나
내 힘은 무엇을 위해 쓰여야 하나
역사여 대답하라

온 나라 방방곡곡 청년 학생
젊은이 늙은이 남자 여자 할것없이
역사의 부름을 받아 한 마음 한 뜻
'국가 보안법 철폐' 깃발을 휘두르며
여의도 국회의사당 앞에
구름같이 모여들었다
죽기 아니면 살기다
천하 악법 국가보안법을 없애자
나라사랑 겨레사랑 단식농성을 벌인다
악법 숨통을 우직우직 짓눌러 조인다
남북 칠천만의 힘이 가세했다
힘은 어마어마하게 거대해
광장은 기웃뚱 모세의 기적처럼 기울어진다
저기 백만 군중

악법을 불태우는 촛불시위는 장엄해라
전세계가 화들짝 놀라 지켜본다
80년대 90년대 숱한 단식농성을 거쳐
오늘 드디어 민족의 운명을 건
대단식 농성의 힘을 발산한다

분단의 원뿌리를 캐어본다
'늬 애비도 늬도 빨갱이야'
일본 천황 적자들이 내뱉았다
애비는 실은 반일독립투사였건만
이 한마디로 아들은 일생 발발 떨어야 했다
사형선고와 맞먹는 말
일본 천황 사생아들이 국가보안법과 반공법을 만들었다
우익, 냉전유령으로 둔갑해
세상을 쥐락펴락 했다
그 적자 그 사생아 후손들이
오늘은 악법 수호자로 나서
국사를 마비시킨다

국가보안법은
민주주의를 역행했고
의사 표시의 자유를 막았다
죄를 날조해 수많은 민주인사 통일인사 독립투사를

죽이고 가두었다
그 죄는 하늘에 닿는다
국회는 악법맹신 불순자를 물리치고
국가보안법을 기필코 폐지해야 한다
이건 구국이요 최상의 애국이다
다음 단계는 바로
미군철수 투쟁이거니
허리띠를 단단히 졸라 매고 기다린다

21세기 밝은 태양이 내려다 본다
오천년 자주 애국 선열들이 내려다 본다
악법 숨줄이 끊어지는 그 순간까지
단식농성을 풀지 않는다
애국 단식농성 만세!
자주통일 만세!
국가보안법 숨통을 끊어 망국사 무덤에 팽개치자!

(2004. 12. 13.)

떨어져도 빛을 내는 통일의 별

- 신창균 선생님 영전에

오호라!
현대사의 큰별이 떨어졌도다!
우리들은, 지금
큰 슬픔에 잠겨
더없이 큰 웃어른을
레테강을 건너 북망산으로 보내고 있습니다
분단 조국과 세계의 만상을
매분 매시마다 뚫어져라 응시, 그 해결책에 고심하며
큰님을 보냅니다
신창균 선생님은 얼마 전까지만 해도
아픈 다리를 가누지 못하면서도
우리들의 모임에 오시곤 했습니다
참으로 놀라웠습니다
겨레와 나라를
내 놈 내 집 이상으로 사랑하지 않고서는
불가능한 일이었습니다
선생님이 앉아 계시는 뒷모습만 보아도
저희들은 힘을 얻었습니다

속으론 빌었지요
'부디 백세를 넘기셔서 통일의 그날을 꼭 보십사!' 하고
하지만 오늘 기어이 98세 천수를 누리시고
우리와 유명을 달리했습니다
아! 인생 무상의 허허로움이여!
신창균 선생님은 일찌기
중국대륙에서 동분서주
상해 임시정부를 물심양면으로 도왔고
8 · 15해방 후 1948년 저 역사적 남북협상 때는
평양에 가서 김일성 위원장과 함께
남북통일협상을 힘차게 벌였습니다
송암 선생님은 장할사 장장 한 세기 동안
하루도 쉬지 않고 전생애를 바쳐 죽임의 벽을 무찌르며
독립운동 통일운동에 전념했습니다
특히 80년대 말에서 오늘까지
피흐른 가시밭길을 헤쳐
통일의 빛나는 핵심체인 범민련 창건 유지에
든든한 기둥으로 우뚝 서 계셨습니다
끔찍한 분단 60년을 마감하고
2005년을 통일원년으로 하여
미군 이전비로 물경 5조5천억원을 들여야하는
썩은 세상을 바로잡아
대통일을 기어코 쟁취하려는 성스러운 싸움은

이제 막을 수 없는 대세요
역사의 봇물입니다
이런 뜻깊은 시기에
신창균 선생님은 가셨습니다
저희들의 애석함은 끝이 없습니다
남은 우리들은
신창균 선생님을 본받아
범민련 두리에 굳게 뭉쳐
6 · 15남북공동선언 실천을 위해
가시밭을 넘어 철고리도 끊고
조국통일에 전신전력을 쏟아붓겠습니다
마음을 푹 놓으시고
고이 잠드소서

(2005. 3. 8.)

자주정신으로 자주통일을 이룩하자!

- 6 · 15통일행사를 준비하는 모임에서

수원시민 여러분!

경기도민 여러분!

오늘, 통일을 위해 6 · 15 남북 해외 공동행사를 준비하는

뜻깊은 이 모임을

진심으로 축하해 마지 않습니다

제가 한 50년을 젊어지는 것 같습니다

남북 형제가 눈물로 갈라진 단장의 60년!

이게 어디 사람 사는 세상인가요

허나, 온 국민들의 피나는 민주화투쟁 통일투쟁으로

세상은 나날이 달라지고 있습니다

5년 전에는 6 · 15남북공동선언이 있었고

참여정부가 들어서서는 과거사 청산과

인권 바로잡기가 시작되었고

이어 작년 10월부터는 국가보안법 철폐가

공론화 되었습니다

온 국민들이 국가보안법 철폐를 외쳤고

연말에는 국회앞에선 천여 명이 혹한도 아랑곳 없이

단식농성을 달포 넘게 벌였건만
악법은 오늘도 건재합니다
왜 이럴까요?
친일 수구 사대주의자들이
국회 안과 밖에 버티고 있기 때문입니다
이승만이 건국 초기 일제잔재를 청산하지 않아
오늘의 가혹한 분단 비극을 낳았습니다
친일 수구 면면들은
일제 식민지배를 축복이라고 망언하며
국가보안법을 죽어라 지키겠다고 떠듭니다
일부 썩은 언론도 이에 동조합니다
저들은 단군의 후손이 아니라 일본천황의 후손입니다
일본 군국주의 망령은 독도를 제것이라고
생트집을 부립니다
미군은 우리 생돈 5조5천억원을 들여 기지를 옮기면
서
백년 주둔을 꾀합니다
미제는 북쪽을 목조여 죽이고자
사내와 계집이 폭언 광분합니다
미 · 일 자본주의 썩은 문화는
우리의 청순한 젊은이들을 썩히고 있습니다
이런 엄혹한 부패 분단 위기에
우리는 어떻게 대처해야 할까요

두 주먹을 불끈 쥐고
자주정신으로 돌아와 외쳐야 합니다
다리 부러지도록 뛰어야 합니다
일상생활을 통일운동화해야 합니다

국가보안법을 철폐하라!
6 · 15공동선언 실천으로 통일을 이룩하자

(2005. 4. 29. 수원에서)

묶음 넷

역사의 정답

유정 趙東祜 선생 영전에

오늘은

걸출한 반일독립 애국혁명투사 유정 조동호선생 서거 51주년 기일입니다

지금 이 자리는

대전 국립현충원 애국지사 제3묘역 166호 유정선생 묘 앞입니다

꿈인가 생시인가

국가보안법 대한민국에서 이런 변괴가 있다니

만감이 가슴을 울립니다

지금 제 다리가 약간 흔들립니다

정부에서는 2005년 3월 1일을 기해

이른바 사회주의계열 반일독립투사들에게 건국훈장 독립장을 수여했습니다

유정 선생도 몽양 선생과 함께 이 자리 끼었습니다

비록 등급은 낮지만 뒷날을 기할 수 밖에 없습니다

60년 늦었지만 다행한 일입니다

잘못된 과거사는 꼭 바로잡혀져야 합니다

지난 날의 박해, 냉대, 모멸을 생각하면 꿈만 같습니

다

다 아시는 바와 같이

조동호 선생은 1914년 약관 22세 때 자기보다 6년 위인 여운형 선생과 함께

망국의 한을 품고, 독립의 의지를 가다듬어,

꿈의 대륙 중국을 향해, 눈물을 머금고

고국을 떠났습니다

저는 지금, 그날

조동호 선생, 여운형 선생, 윤치호 선생, 이만규 선생, 네분이

개성 송도고보 윤치호 교장선생 댁에서

한시를 주고 받으며

이별의 정을 나두던 장면을 생각하면

89세 나이를 잊고 가슴이 뭉클해집니다

통일을 향한 청운의 뜻을 새삼 펼쳐봅니다

유정은 남경 금릉대학 중국문학과에,

몽양은 동 대학 영문학과에 각각 입학했습니다

1919년 4월, 저 감격적이요 역사적인

상해임시정부 수립에 즈음해

유정은 나이 어린데도

의정원 제헌의원과 행정부 국무위원을 지냈습니다

1925년 6월에는

조선공산당이 국제공산당 승인을 받기 위해

조동호 선생은 조선 정대표로 조봉암을 대동하고
모스크바를 방문했습니다
이때 몽양이 도항증을 알선 해주었습니다
일경에 체포되어 7년간 옥고를 치렀습니다
동아일보 논설위원과 상해특파원으로 활약
뛰어난 필력으로 반일독립운동을 펼쳤습니다
한편, 1944년부터는 지하결사체 건국동맹의 중추역할을 했고
해방 후에는 건준과 조선인민당 근로인민당에서
몽양의 미더운 오른팔 역할을 했습니다
저는 여선생 댁과 인민당사에서 유정선생을 여러차례 뵈었습니다
큰 체구에 과묵하고 묵찍하다는 느낌을 받곤 했습니다
옷은 언제나 허술했습니다
조동호 선생님 성격은 잘 모릅니다
다만, 자랑스러운 아드님 조윤구 선생의 성격으로 미루어볼 수밖에 없습니다
아드님은 교통사고로 휠체어를 타고 다니는 중증장애인인데도
놀랍게도 성한 사람의 몇배의 능력을 발휘하고 있습니다
아드님 조윤구 선생은, 두뇌가 명석하고 만사에 결단

력과 행동력이 빠르고, 정확하고, 철저합니다
또 다정다감하고 인정이 많습니다
속담에 '그 아비에 그 아들' 이라는 말이 있지 않습니까
따라서, 아드님을 통해 유정 선생의 성격을 알고도 남겠습니다
호 유정의 뜻은 석류나무 정자인데 이 호로 미루어도
선생의 성격과 인품이 엿보입니다
며칠 전 조윤구 선생은 아버님의 유일한 육필 편지라며 편지 한 통을 보여주었습니다
한문 초서인데 달필이었습니다
국사편찬위원회에 들려 풀이까지 해가지고 왔습니다
내용인즉, 한때 조선공산당 당수였던 김재봉 선생이
모친상을 당한데 대한 위로의 말씀이었습니다
이번 편지 필치를 보고
조동호 여운형 모택동 세 분의 필치가
서로 닮았다, 비슷한 점이 있다는 것을 발견하고 놀랐습니다
세 거인의 성격에 활달한 공통성이 있다는 것을 발견했습니다
조동호 어린이, 조동호 소년은 10년간 서당 공부를 했는데
신동으로 불리었습니다

어쨌든 인간 조동호는 큰 인물입니다
그러나, 여운형의 그늘이 워낙 컸기 때문에
조동호의 빛은 어느 부분 가리워져있지 않았나 하는
느낌이 드는 것도 사실입니다
누가 저더러 20세기 반일독립투쟁과 초기 사회주의 건설에서 쌍벽을 이루는 인물을 찾아 보라고 한다면
저는 서슴없이 여운형과 조동호를 거명하겠습니다
그의 독립투쟁 과정을 지켜보고 숱한 논설을 읽어보면
이런 결론이 저절로 내려집니다
저는 옥천군이라는 이름을 명심하고 있습니다
그 이유는, 뛰어난 반제독립투사 조동호의 고향이요, 시인 정지용의 고향이요, 언론인 통일투사 송건호의 고향이기 때문입니다
지난 4월 옥천 정지용문학제에 갔을때
그의 명시 「향수」를 읊조리며
그 곳 실개천을 감회 깊게 바라보았습니다
이제 유정의 고향 옥천군 청산면에 기념공원이 조성되고 그의 동상이 건립되면 그곳 고샅길을 걸으며 소년 조동호, 청년 조동호를 그려볼 꿈같은 날을 기대합니다
그땐, 옛 시조 '산천은 의구하되 인걸은 간 데 없네' 라는 노래는
'산천은 의구하되 인걸은 돌아왔네' 로 고쳐서 읊어야

합니다

그렇습니다, 조동호 선생은 우리들 앞으로 돌아왔습니다

지난 51년간 중음신으로 조국의 상공을 떠돌던
유정 조동호 선생 영령이시여!
인제는 마음을 푹 놓으시고 고이 쉬십시요
그리고 저희들의 통일운동을 내내 지켜보고 도와주십시요
두 손 모아 명복을 빕니다

(2005. 9. 11.)

민족자주정신과 남북통일

- 홍범도장군 기념사업회 출범에 즈음해

여천 홍범도장군 기념사업회 출범을 만천하에
진심으로 소리높이 축하해 마지 않습니다
남북 분단 아! 60년을 맞았습니다
끔찍합니다
민족비극이 절정에 달했습니다
칠천만이 기절합니다
천상에 계시는 홍범도장군을 위시한 뭇 선열들의 꾸지람 호령이 떨어집니다
'고현지고'
하나인 백의민족이 어쩌다가 이꼴이 되었을꼬!
분단을 당장 끝장내지 못할까!
부끄럽습니다
머리를 들 수 없습니다

'시베리아 만주벌 설한풍!' 이라는 말을 들을 적마다
홍범도 김좌진 이동휘 이범윤 이동녕 이회영 이시영 이범석 이청천 김일성 등등
조국 광복을 위한 항일무장투쟁 장군 의병장 애국투

사 혁명투사의

고귀한 이름을 떠올리곤 합니다

젊음도 명예도 재산도

조국독립을 위해 흔쾌히 바쳤습니다

홍범도장군은 1907년 함경도 갑산을 중심으로 포수단을 조직 항일무장투쟁을 벌여 곳곳에서 매복과 기습으로 일본침략군을 사살 격파했습니다

1919년에는 의혈단과 대한독립군을 창설 신출귀몰 용감히 적을 무찔렀습니다

압록강 두만강을 건너 국내로 진입 혜산진 강계 만포진 일본군수비대를 습격 70여명을 섬멸했습니다

다음해 1920년 봄에는 유명한 청산리 봉오동전투에서

일본군 대부대를 격파 대승을 거두었습니다

홍범도장군의 항일무장투쟁 무대는

갑산 후치령 일대, 두만강, 압록강변, 북만주, 시베리아 해삼위 일대로

고난의 전투, 고난의 행군에서 용명을 떨쳐

홍범도장군의 명성은 하늘을 찔렀습니다

1922년 12월 모스크바에서 열린 원동피압박민족대회에

홍범도장군은 조선대표 일원으로 참가해

여운형 김규식 등과 함께

레닌을 만났습니다

조선민족의 반일투쟁정신을 드높였습니다

홍범도장군은 항일무장투쟁뿐 아니라
한단고기를 편찬해 단군의 홍익인간 정신과 흰옷겨레 이화세계를 널리 알렸습니다
외세침략과 불의는 추호도 용서하지 않은 전설적 영웅이요 열화같은 자주독립정신의 화신이었습니다

만일, 홍범도장군이 환생해서 오늘의 분단 현실을 보신다면 어떤 말씀을 제일 먼저 하실까요?
'외세는 물러가고 악법은 없애라' 가 아닐까요
이 말은 민족 자주독립의 원칙이요 근간입니다
여당과 야당 진보와 보수는
케케묵은 냉전논리에 휘말리지 말고
6 · 15 남북 공동선언 실천에 성큼 다가서
남북통일 성취에 전심전력을 쏟아부어야 합니다
헛말로 허송세월할 겨를이 없읍니다
이것이 바로 홍범도장군의 정신을 기리고 이어받는 길입니다
위대한 홍범도장군 정신이여!
만세에 영원 무궁할진저!

(2005. 2. 25.)

현대의 전설
- 민가협 창립 20돌에

그 이름 '민가협' 창립 20돌 옷깃을 여미고 진심으로 축하해 마지 않습니다

우선, 저는 다음과 같은 '현대의 전설' 이야기를 시작으로 축하를 드릴까 합니다

호호백발 할머니가 막내 손자에게 '현대의 전설'을 들려주고 있었습니다

"애야 이건 호랑이가 담배 피던 옛날 얘기가 아녀. 바로 오늘의 애기야. 이 할매가 머리 검었을 적 호랭이 잡던 '민가협 어머니들'의 애기여 이중 이근안이라는 큰 호랭이 말이다 …"

"뭔데에?"

손자는 초롱초롱한 눈으로 할머니 턱밑에 다가 앉았습니다

"아가야, 할매는 이 애기를 할라모온 복통이 터져 복통이… "

할머니가 손자에게 들려주는 피눈물나는 '민가협 어머니들'의 이야기는 긴긴 겨울밤이 깊어가는 줄도 몰랐습니다

80년대부터 오늘까지 민가협 어머니들의 싸움의 발자취는
세계사에서 그 유례를 찾아볼 수가 없습니다
순전히 고문과 날조로 죄를 만들어 가둬 놓은
내 남편 내 아들 딸을 석방하라고
소리소리 지르며 악을 쓰며 발을 구르며
경찰서 문턱 재판소 문턱이 반들반들 닳도록 들락날락했습니다
법정에서 재판이 엉터리라고 항의하다가 가형 받고 무더기로 트럭에 짐짝마냥 실려나가 허허 벌판에 내던지기 그 몇번이던가요
고문 경찰관 정보형사 집을 용케도 찾아내어 내 아들이 무슨 죄가 있느냐 나라를 사랑한 것밖에 죄가 없다 석방하라고 철대문을 발길로 차고 맨주먹으로 두드려 손이 피멍이 들었습니다
경찰 곤봉에 맞아 골이 깨지고 다리가 부러졌습니다
눈비 내리는 광화문 네거리에 퍼질러 앉아
내 남편 내 아들 딸을 살려내라 석방하라 악법을 없애라고 강산이 들으란 듯 구호를 외치기 한두 번이 아니었습니다
갖가지 모임에 빠짐없이 참가해 호소했습니다
옥중 양심수를 방문 위로했고
영하 12도 추운 날씨도 아랑곳 없이

여의도 국회의사당 앞 광장 맨봉당에
한달 넘게시리 굶으며 뻗치고 앉아
국가보안법 철폐를 소리높이 외쳤습니다
우리 민가협 어머니들의
민주화와 통일을 위한 싸움은, 실로
매차고 줄기차게 가열했습니다
누가 여자를 갈대라 했던가요
우리 민가협 어머니들은
꺽이지 않는 푸르고 곧은 대나무였습니다
만인의 사랑과 존경을 받을 만합니다
헌데,
같은 여자이면서 그 질이 이렇게도 다를 수가 있을까요
미국의 높은 여자 라이스는
북쪽을 '폭정의 전초기지' 라고 폭언 했습니다
이건 국제예의도 모르는 망언입니다
바로 미국이야말로 전세계에 대한 폭정의 발원지 전초기지가 아닙니까, 테러의 총본산이고
라이스는 우리 민가협 어머니들에게
머리 숙여 배워야 합니다
조국 분단 60년입니다
끔찍합니다
가슴이 만갈래 찢어집니다

분단의 원흉은 바로 미군주둔 국가보안법 친일잔재 때문이거늘

이 세 암덩이를 도래내고 지져내야 우리민족이 행복해집니다

6 · 15남북공동선언을 당장 실천해야 합니다

더는 머뭇거리지 말아야지요

양심수 없는 그날까지

남북통일 그날까지

민가협 어머니들의 한결같은 건투를 빕니다

건강을 빕니다

우리의 민가협 만세!

남북 대통일 만세!

(2005. 3. 26.)

역사의 정답

- 사월혁명 45주년에

누가 감히 어쩌구저쩌구 말꼬리를 달아
사월혁명은 단군의 홍익인간이요
역사와 겨레에 대한
정답이거늘
장할사 그대 45주년이여
꿈같은 그날, 우리들은
그대를 사랑의 어떤 대상보다도
더 사랑했지

아! 분단 60년
가슴 찢어져라 임리한 피
겨레의 운명이 어쩌다가 이런 낭떠러지 백척간두에
섰을까
일제 잔재 수구집단과 외세와 악법의 탓이건만
잘났다는 어느 지도자도, 내노란 어느 언론도,
일언반구 말이 없었습니다
애국자는 한 사람도 없단 말인가
식민지배를 축복이라 망언하고

사월혁명에 녹아버린 이승만과 유신절벽에 떨어져 죽은
박정희를 되살리려고 광분합니다
일제는 침략을 미화하고
독도를 제것이라 생트집을 부려
미제는 북을 있지도 않는 테러다 폭정이다 인권탄압이다 독설을 뱉으며
북을 목조여 죽이고자 사생결단합니다
우리 돈 놀라지 말라 5조5천억원을 들여
미군기지를 옮겨 백년 주둔을 꾀해도
누구하나 군소리 한마디 없이 그저 예예 뿐
민족기개는 온데간데 없습니다
21세기 벽두 만만찮은 시련이지만
우리 국가안보회의가
북을 치자는 미군의 제안을 놀랍게도 60년만에 처음
보기좋게 거부했거니
남북 막강한 칠천만이 사월혁명 정신으로 천재적으로 힘을 합친다면
봄바람에 얼음덩이가 녹 듯
거뜬히 풀립니다
사월혁명의 명 진단을 들어볼까요
한미동맹이 아니라 남북 화해
한 · 미 · 일공조가 아니라 남북공조

영어열풍이 아닌 한글열풍이 자주의 길
민족민중의 해방인저!
사월혁명 정신은 민족의 어떠한 꼬임도 풀 수 있습니다
일제잔재와
외세와 악법을 기어코 내동댕이 칠 것입니다
우리 겨레의 영원한 애인 사월혁명 완결에 힘쓰며
6 · 15남북공동선언에 따라
대망의 민족통일을 앞당깁시다
위대한 사월혁명 만세!
남북 칠천만 형제의 조국 대통일 만세!

(2005. 4. 18.)

민족 민중 해방의 봉화

- 아, 지금은 없는 민족일보 창간 45주년에

오늘은
우리 현대언론사 가운데 최고의 깃발인
민족일보 탄생 45주년이 되는
뜻깊은 날입니다
슬픈 분단은 어언 61년을 맞았습니다
가슴이 찢어집니다
민족일보는 위대한 사월혁명 승리로 탄생되었습니다
민족일보 주장대로 했더라면
분단은 진작 끝났고
통일은 성취되었을 겁니다
지금 이 자리에는
조용수 사장님과 머리를 맞대고
역사적 민족일보 창간호부터 취재 편집했던
귀중한 멤버들이 계십니다
그 성원들은
우리 신문사상 빛나는 위치를 차지하고 있습니다
군사악정과 시간의 흐름은 무심도 해라
인간사 무상하구나

하늘은 저렇듯 내내 푸르른데
그 분들의 심정을 그려내기엔
내 시필이 무디다는 것을
안타깝게 자인합니다
그 분들의 건재는
얼마나 다행하고 뜻깊고 복된 일입니까
저는 민족일보 탄생의 역사성 선진성을
열 번 강조해도 부족하다고 생각합니다
민족일보는 사월혁명을 파탄시킨 박정희 군사쿠데타를 비판했고
반민족적 반민중적 반공통치의 시정을 요구했습니다
반공은 일제잔재 중 첫째로 꼽히는 찌꺼기로서
그 시정을 요구한 것은 지극히 당연했습니다
반공이란 또는 빨갱이란 불란서혁명(1789. 7. 14.) 이래 말이 안되는 저능아의 상용 말투입니다
또 미군철수를 은근히 주장했습니다
북에서는 1949년 초에 소련군대가 물러갔으니
당연한 주장이지요
이런 민족일보를 일본 천황의 적자赤子 오까모토 미노루 중위 박정희는
천부당 만부당 언어도단
하루 아침에 죄많은 반공칼, 일본도로
무참히 잘라버렸습니다

인혁당재건이란 걸 살인적 고문으로 날조해
유망한 여덟 명의 생목숨을 최종판결 전에
부랴부랴 비참하게 빼앗았습니다
조작진실이 속속 밝혀지고 있습니다
민청학련사건 동백림사건 등을 역시 고문으로 조작해
청년학생 애국, 민주, 민중 걸출한 인재들을 잔인하게 고문하고 병신 만들고 죽였습니다
이것들 역시 조작 사실이 드러나고 있습니다
그의 끔찍한 범죄는 하늘에 닿고도 남습니다
우리의 한과 분노는 구천에 차고도 넘칩니다
그도 의당 죄값을 치러 비명에 갔습니다
오까모도 미노루의 딸 박근혜는
애비의 속죄를 위해
머리를 풀어헤치고 석달열흘 석고대죄해도 모자랄 터에
뭔가를 노린답시고 뻔뻔스럽게 황당무계하게
있지도 않은 빨갱이 공염불을 뇌까리며
거리를 헤메고 있었습니다
우리나라는 지금 빛좋은 개살구 신자유주의 세계화의 희생양이 되어 빚더미 위에 올라앉아 허덕입니다. 증권시장의 65프로는 외국자본이 차지하고 농촌 가구당 빚은 많으면 3-5억원, 평균 4천만원입니다. 명동거리 남포동거리의 화려함과는 대조적으로 생활고 자살자 결식아

동 파렴치범이 속출합니다
나라 전체에 미국 썩은 문화가 판을 칩니다
어쩌다가 나라가 이꼴이 되었을까요?
백년전 을사늑약 시기를 심각하게 되돌아 봅니다
친외세 사대 수구세력이 분단 60년간 나라를 망쳐놓았기 때문입니다
아무리 정의와 진실이 뒤바뀐 말세일지언정
역사의 눈은 속이지 못합니다
과거사 바로잡기의 목소리가 저렇듯 드높지 않습니다
민족일보와 조용수 사장이 부활하듯
정의와 진실은 끝내는 기필코 승리합니다
미군은 지난 60년간
우리 안방에 볼썽사납게 머물러 앉았거니
더는 통일을 가로막지 말고 물러가야 합니다
우리는 오천년 동방예의지국 문화민족입니다
남을 한번도 침략한 적이 없습니다
미국은 이백년전 인디언을 학살하고 세운 나라입니다
그 지도자들은, 적반하장
북을 테러국가, 악의 축, 악의 전초기지, 폭군, 범죄정권, 운운하며
부관참시不棺斬屍 험담을 일삼다가
이제는 북핵공격사령부마저 창설한다고
말기 자본주의 수렁에서 발악합니다

북에 들씌운 악명높은 가시관은, 도리어
미국에 몽땅 뒤집어 씌워야 합니다
답답한 위정자들이여 언론들이여
이래도 한 · 미 · 일 공조인가
민족일보 주장대로
남 · 북공조라야 민족이 살아 남습니다
막강 장엄 위대한 단결의 힘!
여기 평화통일핵 칠천만개면
승산은 단연 우리에게 있습니다
헛소리가 아닙니다
칠천만이 아리랑을 부르며
세계에 울리는 승리의 민족교향곡입니다
물정 모르는 한국언론이여
민족일보의 천재적 선진성을 본받아
북을 알고 북을 보도하라
미군철수 국가보안법폐지를 대서특필하라
그리하여 영광스러운 사회의 목탁이 되라
민족일보의 길은 민족의 길이요 역사의 길입니다
'민족일보' 넉자는 역사와 더불어 영원히 빛날진저!
민족일보 부활 만세!
조국 자주통일 만세!

(2006. 2. 13.)

자주독립정신의 化身

- 신채호선생 순국 70주년에

분단 피세월 61년!
민족비극의 절정입니다
가슴이 갈갈이 찢어집니다
천계에서 단재 신채호 선생의 꾸지람 목소리가 들려옵니다
'덱끼' 백년을 헛살고도
여직 정신을 못 차릴꼬!
외세를 벗고 제 정신으로 살아야지!
단재 선생님!
면목이 없습니다
못난 후학의 종아리를 되게 때려 주십시요

1936년 오늘 2월 21일
이역만리
여순감옥 외로운 지옥방
나즈막하나 뚜렷한 목소리가 울려나왔습니다
"님 나라에 이르는 도중 돌아섬 또한 한두 놈이 아닐진대 내 어찌 원수와 네놈들의 거짓 선심에 구차하게 이

몸을 맡길까 보냐
여기는 내가 죽을 자리로다."
천재요 대 애국자인 단재 선생이 이 세상에 남긴 마지막 말씀이었습니다
'법을 지키며 살겠다' 는 여덟 글자만 쓰고 전향하면
밝은 세상에 나와 치료도 받고
더 오래 사실 수도 있었건만
그걸 거절하고
단호히, 흔쾌히, 죽음을 택했습니다
아! 장할사
겨레와 나라 사랑함이
이보다 더함이 어데 있으리오
사람은 어떤 때 가장 강할까요?
죽음을 각오했을 때 가장 강하지 않을까요
단재 선생은, 파천동지破天動地
그 위대한 힘을 발산했습니다
겨레사랑 나라사랑의
곧은 지조
맑은 고절
만세에 청청합니다

채호 어린이는 네댓 살 때부터
청주 고을 고두미마을에 신동이 낳다는 소문이 자자

했습니다
성미는 불 같았습니다
열 살 무렵
통감을 독파했고
서민적 행시와 논설을 곧잘 썼습니다
20여세에 성균관 박사가 되었습니다
황성신문과 매일신보 논설위원이 되어
우국 구국의 목소리를 높였습니다
이럴즈음 쌍벽 언론인 장지연은
을사늑약에 '시일야 방성대곡' 을 썼건만
2004년 그의 친일시가 발견되어
우리들의 존경 대상에서 떨어져 나갔습니다
망국후 중국에 건너가 뜨거운 투지로 선지사상을 섭렵 독립운동을 전개하며
유명한 '조선상고사' 를 저술했습니다

신채호 선생은
선구적 대언론인이요 사학자였습니다
애국애족의 시인이요 열렬한 반일독립 투사였습니다
상해임시정부 수립때
이승만을 대통령으로 추대하자
반론을 펴다가 호령하고 퇴장했습니다
분단된 조국은, 오늘

절벽 백척간두에 섰건만
후회도 반성도 목표도 없이
헛된 신자유주의 물결에 떠내려가고 있습니다
중남미의 반미 좌경화 바람은 타산지석이 됩니다
분단 종식의 길은
한 · 미 · 일 공조가 아닙니다
신채호 선생의 자주정신에 입각해
남, 북 공조라야 민족이 살아 남습니다
신채호 자주독립정신 만세!
조국의 자주통일 만세!

(2006. 2. 21.)

황새울들녘을 보듬어 안고

- 미군저지 평화대행진에서

나는, 지금
내 고장을 지키고자 모여든 애국민중과 예술단에 끼어 반미 벽시를 썼다
별 서리 아흔 해 흰머리칼을 날리며
평택 대추리 황새울들녘에 섰노라
우렁찬 저 함성
분단 60년 미군기지가 웬말인가!
강제 토지수용을 결단코 저지하자!
우리의 자주평화통일을 실현하자!
일제 식민지 36년
미제 분단 61년
아, 백년을 외세에 짓밟혔구나
겨레의 가슴이 찢어진다
황새울들녘은
옛부터 기름지고 평화로운 고장 진상미의 명성이 높았다
황새와 물새가 끼륵끼륵 정겹게 울고
바다바람에 벼 황금물결이 싸아사아 일렁거려

외지 도적떼들은 으르렁
군침을 삼키곤 했다
오늘, 그여이
미군사령부가 들어앉으려
피땀이요 내 살점인 옥토를 부숴 엎고
총칼 비행기 핵 기지를 만든단다
세상 천지 이런 날강도 짓이!
황새울들녘이 북쪽 형제를 치려는
미군 싸움 준비 터가 되어서는
천만번 안된다

미군은, 지난 60년간
우리 오천년 동방예의지국 안방에 들이박혀
남북통일을 가로막고
턱지거리로 좌지우지 했다
북에서는 소련 군대가 1949년초에 진작 물러갔건만
남에서는 미군이 오늘도 물러가기는 커녕
되레 영구주둔을 획책한다
불행한 땅
서러운 땅
비단결 근역 천오백리는, 과연
어디로 갈 것인가
단군할아버지와 뭇 선열들이 내려다 보신다

호령하신다
'뭔 짓들인고!
우리 흰옷겨레는
예의 바르고 정의로운 문화민족
오천년 내리 한번도 남을 침략하지 않았다
한길 평화만을 그러안고 오손도손 살았거늘
외세와 수구로 흐려진 자주성을 되찾아
하루바삐 미군을 떠나 보내야 한다
미군도 스스로 떠나는 양심을 세계에 보여줘야 한다
미군은 황새울들녘에 얼씬거리지 말라
황새울땅 한 뼘도 내줄 수 없다

예의도 의리도 모르는 양키 나라여
우리 동방예의지국 어진 겨레의 나라에서
당장 떠나가라
네 코앞 중남미 우후죽순 반미 좌파정권에서
진리의 길을 배우고 깨달으리라
북쪽을 목조여 죽이려는 헛된 망상을 싹다 버리라
테러국가, 악의 축, 폭군, 범죄정권이라는 가시관은
이북이 아니라 바로 미국에 몽땅 뒤집어 씌워야 한다
황새울들녘이 이 고장 형제들의 품에서
빼앗기지 않도록
우리 모두 황새울들녘을 가슴에 보듬어 안고

평화를 위해 통일을 위해
싸우리라

모든 외세를 물리친다!
조국의 자주통일 만세!

(2006. 3. 25.)

동아투위! 그대 이름 영원하리

-10 · 24 자유언론 실천선언 32주년에

지난 30년간 아니 분단 60년간
동아투위 자유언론 투사들과 독자들은
조선, 중앙, 동아 삼지를 긴장으로 지켜보았다
친일 친미 친독재에 대한 반성도 없고
통일에 대한 의지도 없이
겨레의 행복과 이익을 팔아먹었습니다
사이비 민족지여
겸허하게 동아투위에서 배우라
언론이 수구의 편에 선다는 건 부끄러운 일입니다
이런 권고를 서두로
동아투위를 돌아볼까 합니다
'동아투위' '백지 광고' 말만 들어도
가슴이 설레입니다

명동거리에서 파도치는 저 미인군의 물결을 보라
아름답습니다
멋집니다
그러나, 진정 멋진 것은

화장이나 옷차림이 아닙니다
마음가짐과 활동모습입니다
올해 서른두살 난 멋진 미남군
그 이름은 바로 '동아투위투사' 들입니다
부끄럽고 욕된 언론 터전을 박차고
32년전 스스로 험난 무쌍한 가시밭길을 택했거니
오늘에 이르기까지
저 아름다운 성성 백발
여전히 멋집니다
제가 만일 여자로 태어났더라면
저분들과 진종일 연애하고 싶습니다

동아투위!
군사독재 언론탄압에 맞서
자유언론 실천을 선언했습니다
멋지게 싸웠습니다
썩어 문들어진 언론판에서
오직 그대만이
한국언론의 명맥을 우뚝 지켰습니다
분단 61년 동안
그대만이 사회의 목탁으로 빛납니다
국가보안법 폐지가 공론화된 오늘에도
악법 존속을 주장하는 냉전수구 언론들

반백년을 헛살고도 아직 정신을 못차려
저들의 뿌리는 친일 배족입니다
배신과 썩음이 극에 달해
신채호 안종필 송건호 선생의 호령소리가 들립니다
'못난 짓거리' 제 정신 못 차릴까!
역사의 심판을 두려워할 줄 알아야지!
한국언론을 더 이상 망치지 말렸다!
국민을 오도하지 말지니라!
역사와 겨레의 정도를 걸을진저!

국가보안법 폐지
과거 친일 배족사 청산
반백년 늦었지만
변혁의 거센 파도는 기어이 악의 절벽을 무너뜨립니다
언론은 뒤지지 말고 앞줄에 서서
역사의 수레바퀴를 앞으로 굴려야 합니다
언론이 바로 서야 나라가 바로 섭니다
부끄러워라, 우리 언론은 지난 반세기동안
악법폐지와 미군철수를 정식으로 주장한 적이
단 한번도 없었습니다
염치없는 미군은 지금 평택 대추리에
백년대계로 기지를 건설하고 있습니다
막아야 합니다

언론이 앞장서야 합니다
부시의 아프칸 이라크 침략을 규탄하는
평화의 목청을 돋우어야 합니다
우리는 평화애호국인데 미국은 전쟁애호 침략국입니다
우리는 동방예의지국인데
미국은 예의도 의리도 모르는 나라입니다
한 · 미 · 일 공조가 아니라
남, 북 공조로 정치틀을 바꾸어
자주통일을 앞당겨야 합니다
북쪽 형제정권을 목조이지 말고
형제애로 상세히 보도하는 게 도리지요
테러국가, 폭군, 악의축, 범죄정권이라는 가시관은
북이 아니라 바로 미국에 몽땅 뒤집어 씌워야 합니다
분단종식과 자주통일 완성에 전력 질주 하는것이
오늘 언론의 최고선입니다

동아투위!
민주화와 통일의 장한 길에 앞장 섰거니
그대 멋진 명성은
역사와 더불어 영원하리
동아투위 건재하시라!

(2006. 4. 1.)

민족회생의 봄기운이 완연

- 소위 '인혁당 재건 사건' 여덟분 영전에 머리숙여

피지 못하고 무참히 잘려버린 겨레의 꽃 여덟 분의
고귀한 애국민주 인사 이름을
백두산을 우러러 한라산을 우러러
다시 불러봅니다
서도원
도예종
하재완
여정남
송상진
이수병
우홍선
김용원
20세기 최고의 비극을 겪은 유가족 분들의 가슴의 고동소리가 들리시지요
있지도 않은 빨갱이
뭔지도 모르는 빨갱이
그 빨갱이라는 이름의 눈총을 맞으며
손가락질에 가슴 찔리며

원한과 분노와 괴로움에 떨며 30년을 그늘에서 숨죽여 살다가
지난 연말
법원의 '인혁당사건 재심' 이라는
꿈만 같은 햇빛소식을 듣고서야
야! 남처럼 가슴을 펴고 숨쉬며 살겠구나
해원새야 저희들 가슴의 새까만 재를 싹다 쪼아먹어주렴
오늘 4월 8일
우리들은 가슴 찢기는 새로운 감회로
여덟분 31주기 추모제를 올리고 있습니다

1975년 4월 8일은
어떤 날인가?!
역사여 대답하라
하늘땅이여 말하라
31년 전
박정희 군사독재 유신체제 살인정권은
나라와 민족을 사랑한 것밖에 아무런 죄가 없는
유능한 인재 여덟 분을
살인적 고문으로 생판 비열한 죄명을 들씌워
비참히 죽였습니다
죽여도 이렇게 야만적으로, 잔인무도하게, 짐승만도

못한 천인공노할 짓거리로
처참히 죽였단 말인가
사형언도 다음날 신새벽에
야음을 틈타 집행 지시도 내리기 전에
부랴부랴 서둘러 교살밧줄을 댕겼습니다
여정남님은 첫 교살 때
요동치며 발버둥쳐 절명 하지 않자
재차 교살을 강행했답니다
목과 얼굴에 피멍난 상처를 감추기 위해
붕대를 감고 강제 화장을 했습니다
이런 반인륜적 살인행위는 지구상 민주국가에서는
어디에도 찾아볼 수 없습니다
저들은 또 가짜 유언장마저 날조했습니다
'적화통일을 보지 못하고 죽는 것이 원통하다.'
적화라는 표현은 수구 친일 반역자들이 쓰지
진보적 애국인사들은 쓰지 않습니다
일제의 사생아 박정희 도당 말고는
이 세상 그 누구도 감히 엄두조차 못 냅니다
박정희 친일 군사무리의 반인륜 살인만행은
역사에서 두고두고 규탄받아 마땅합니다
이들은 우리민족 성원도 아니요
단군의 후예도 아닙니다
저 사형장 앞 백년 미류나무여

너는 보았지 알지, 들었지
일제 36년 동안 저 저승문 안으로 사라진
수많은 반일독립투사들
분단 60년 동안 많은 민주인사 통일투사들
특히, 1975년 4월 8일 새벽
우리의 장한 아들 여덟분의 마지막 모습을!
그 비장한 피맺힌 절규를!
'외세는 물러가라!
'남과북은 하나다!
'자주통일 만세!'

남북분단 61년인데도
미군은 나갈 생각은 않고
평택 대추리에 백년대계로 기지를 만들고 있습니다
단연 막아야 합니다
국회는 미군철수와 국가보안법 철폐를 의결해야 합니다
언론은 친외세 수구의 편에 서지 말고
자주와 진보의 편에 서서
남북화해와 통일을 성취하는데 앞장서야 합니다
법원은 인혁당사건의 진상규명과 명예회복에 최선을 다할 것을
엄숙히 호소합니다

우리 애국민중은
여덟 분의 유지를 받들어
통일위업에 온몸 온힘을 바칠 것을

새삼 맹세합니다
여덟 분 애국지사여!
내 삼천리 금수강산에 꽃피는 봄 기운이 완연합니다
더는 중음신으로 떠돌지 말고
영계 영광스러운 애국민주 자주통일 성전에
마음 풀고 고이 쉬시옵소서

(2006. 4. 8. 서울 독립문공원 사형장앞에서)

남북 삼천리에 소생하는 생명력이 약동합니다 - 양심수후원회 18차 총회에 부쳐

오늘 민가협 양심수후원회 18차 총회에 만감의 축 경의 격려 성원을 뜨거운 가슴을 모아 보내드리는 바입니다

후원회 운동의 목적은 죄없는 죄인 즉 이른바 양심수를 구출 구원하는 데 있었습니다

그러나 그 운동의 본질은 외세, 친일친미 수구배 악법 등을 반대하고 조국의 민주화와 자주통일 평화에 있었습니다

민족비극의 절정인 분단 61년을 맞은 21세기 초반 우리 민족 현실은 어떠합니까?

한마디로 민족 최대의 위기에 봉착 직면해 있습니다

미국은 평택 대추리 황새울들녘에 백년대계로 군사기지를 건설하고 있고 북을 공격할 육해공 군사훈련을 늦추지 않고 북핵공격사령부마저 창설할 계획이라고 합니다

미국은 FTA협상으로 우리의 생존권을 위협하고 있습니다

미국은 북을 테러국가 폭군 테러전초기지 범죄집단

운운하지만
천만분의 일 밀리도 해당되지 않습니다
북을 목조여 죽이려고 광분하지만
되레 이런 가시관은 바로 미국의 뻔뻔스러운 낯짝에 몽땅 뒤집어 씌워야 합니다
내 말이 아니라 역사가 말해 줍니다
2005년 노벨문학상 수상자 영국의 해럴드 핀터는
'부시와 블래어는 국제전범재판에 제소해 중형에 처해야 한다' 고 주장했습니다
지난 60년간 민족 지도자와 애국민중은 미군철수와 악법철폐를 목청 돋우어 피토하며 외쳤건만
두 악귀는 여전 저렇듯 기세 등등 합니다
숭외 수구배들은 전에 없이 똘똘 뭉쳐 최후발악을 합니다
하지만, 역사는 저들의 손을 결단코 들어주지 않습니다
오늘의 위기를 타개하기 위해 백년전을 돌아볼까 합니다
백년전 을사늑약 직전인 1905년 5월경에 일본인 가쯔라와 미국인 태프트는, 영토 탐욕에 머리를 맞대고 '넌 필리핀을 먹어, 난 조선을 먹을게' 식으로 미 · 일 제국주의 강도들은 밀약했고
그해 11월 17일 드디어 을사오적은 고종의 옥쇄를 훔

쳐 을사늑약에 도장을 찍었습니다
그날과 오늘이 흡사한 점은
그날은 을사매국 오적이 날뛰었고
오늘은 친외세 수구배들이 날뜁니다
그날은 일어 열풍이 불었고
오늘은 영어 열풍이 붑니다
그날과 오늘이 다른 점 하나는
그날은 외교권과 국방권을 빼앗겼는데
오늘은 한미군사동맹으로 옭혀있습니나
다른 점 두 번째는 그때는 나라가 하나였는데
오늘은 남북으로 갈라져
남쪽은 외세에 옭혀있으나
북쪽은 자주적이요 건전하며 통일지향적입니다
백년전 망국을 거울삼아 오늘에 슬기롭게 대처해야 합니다
남쪽의 성장한 민주애국 역량과 건전한
북쪽이면 승산은 충분합니다
이승만 박정희 전두환 노태우 등 친일독재정권은
천하 악법 국가보안법을 남용해
수많은 민족지도자와 걸출한 애국민주 인사들과 유능한 청년 학생들을 빨갱이로 몰아
학살하고 중형에 처해 장기구금했습니다
이러한 살인적 암흑시기

양심수후원회와 민가협어머니들의 애국애족에 불타는 헌신적 활동은

그야말로 눈물이요 감격이었습니다

우리들은 영원히 잊을 수 없습니다

오늘의 역사가들은 통일운동사에 이 사실을 굵직한 글자로 써 넣어야 합니다

국가보안법은 대통령이 철폐를 언급했음에도

한나라당 반대로 오늘도 그 더럽고 죄많은 썩은 숨통이 이어지고 있습니다

이건 말세 풍경의 으뜸입니다

오까모도 미노루 일본군 중위 박정희는

수많은 민족적 죄악 중에서도 생판 날조한 사건으로

여덟 분의 고귀한 생목숨을 일본도로 하루아침에 싹뚝 잘라버렸습니다

이 대죄의 진실이 속속 드러나고 있습니다

박정희의 딸 박근혜는

애비의 대죄를 사과 반성하는 의미로

머리를 풀어헤치고 석달열흘 석고대죄해도 모자랄 터에

오늘도 민족 앞에 또 저런 죄를 저지르고 있습니다

우리 국회는 미군철수와 국가보안법 철폐를 당장 의결해야 합니다

부시가 아무리 발악해도

자본주의 말기 미국시대는 이미 끝났습니다
미국은 팔천개의 핵탄두를 가지고 있지만
핵으로 세계를 지배한다는건 몽상입니다
열화같은 반미 좌경의 중남미를 보십시오
북 · 미관계에서 북을 보십시오
북은 당당하고 흔들림이 없습니다
천재와 둔재의 머리 싸움에서 누가 이길까요
금수강산 삼천리에 봄기운이 완연합니다
만물의 생명력이 약동합니다
우리는 승리할 수 있습니다
승리를 향해 힘을 냅시다
양심수후원회의 건투를 축하합니다
미군철수 악법철폐 만세!
조국의 자주통일 만세!

(2006. 4. 29.)

분단 민족비극의 종식을 위해 미군은 지체없이 철수해야 한다 - 반전 전민특위 대회에서

세상은 왜 이다지도 어둑어둑하냐
누가 저 태양을 가로막고 있느냐
칠천만의 가슴은 왜 이리도 답답하냐
누가 우리의 가슴을 짓누르고 있느냐
청풍아 혼풍아 불어다오
빛발아 광명아 비춰다오

제2차 세계대전이 끝난 이후
오늘 21세기 초까지
장장 60여년 동안
우리 한(조선)반도 분단을 비롯해
전세계에 대해
불안 분쟁 공포 살상 전쟁의 먹구름을 끊임없이 일으킨
그 원흉은 도대체 누구인가?
성급한 대답일지 모르지만
찬물에 세수하고 대답해 볼까 합니다
그는 바로 미군이요

특히 부시정권입니다
부시는 세계의 제왕인냥
네로도 빰칩니다
이 단정에 대해
낡고 썩은 골통을 가진 소수의 수구 둔재들은
반대할지 모르지만
자주정신을 가지고 역사를 앞으로 이끌어나가는 절대 다수의 천재들은
한결같은 목소리로 찬성할 것입니다

미국 존슨대통령 때 법무장관을 지냈고
세계적 반전평화단체 〈국제행동센터〉를 설립한 반전평화주의자요 후세인의 변호인인 램지 클락은
미국의 세계지배 전략에 대해
온 몸을 던져 반대하는 사람으로
과시 미국 최고의 인물입니다
2001년 6월 뉴욕에서 〈코리아 국제 전범재판〉 때 수석검사였던 램지클락의 논고를 다시 들어볼까요
'미군은 한국전쟁때 남과 북, 전방과 후방, 군인과 민간인, 남녀노소를 가리지 않고 무고한 삼백만명을 학살했다.
그들이 미디어를 장악하고 역사를 쓰고 가르쳤다. 그들의 목적은 한민족의 독립과 자유가 아니라

미국이 아시아에서 가질 정치 경제적 이익을 찾는 것이었다.

미군은 남북한을 분리하고

양쪽의 긴장을 부채질 해 싸움을 붙여

자기들 이익을 얻는데만 몰두했다

북쪽을 고립시키고

남쪽을 예속해버렸다.'

과연 정의와 진리의 힘찬 목소리입니다

삼백만명 학살의 진상을 꼭 규명해야 합니다

미군은 북쪽에서 신천학살, 남쪽에서는 노근리학살을 비롯한 남북 수백 군데서 야만적 학살을 저질렀습니다

남쪽에서는 대부분이 베일 속에 가려져 진상이 규명되지 않고 있습니다

「전민특위」의 역할이 그만큼 더 절실하고 중요합니다

온 국민은 「전민특위」에 물심양면으로 협력과 성원을 보내야 합니다

미군은 지난 61년간 우리 남쪽에 머물면서 나갈 생각은 추호도 안하고 악의적으로 통일을 가로막았습니다.

6 · 15공동선언 실천에 트집을 잡고 나섰습니다

미군의 학살과 범행은 휴전 이후에도 계속 이어지고 있습니다

효순이와 미선이에 대한 살인 범행은 우리 국민의 기억에 길이 남을 것입니다

미군은 지금 평택 대추리에 백년대계로 군사기지를 초강경으로 건설하고 있습니다

남북칠천만은 사력을 다해 막아야 합니다

미국은 우리의 형제인 북쪽을 테러국가 폭군 악의 전초기지 범죄집단 인권탄압 화폐위조 운운하며

북을 목조여 죽이려고 광분하지만

하나도 해당되지 않습니다

이런 악명높은 가시관은

도리어 바로 미국의 낯짝에 몽땅 뒤집어 씌워야 합니다

2005년 노벨문학상을 수여받은 영국의 극작가 해럴드 핀터는

부시의 이라크등 침략 학살을 보고

'부시와 블래어는 국제전범재판에 제소해 중형에 처해야 한다' 고 호소했습니다

노벨문학상 수상이라는 큰 영광을 걸고 던지는 해랄드 핀터의 장엄한 울림은 양심, 정의, 사랑, 평화를 갈망해 마지 않는

지구상 오십억 평화애호 인민들의 대변이라고 말할 수 있습니다

반미 좌경으로 내닫는 중 · 남미를 보십시요

북, 미 관계에서

무모하게 돌진해 오는 거구 미제를

잘 방어 처리해내는
북의 흔들림 없는 미더운 솜씨를 보십시요
미국은 핵탄 8600개를 가지고 큰소리 치지만
핵으로 세계를 지배한다는 건 몽상입니다
자본주의 말기 수렁에서 허우적이는
미국의 시대는 누가 뭐래도 이미 끝났습니다
미군 범죄의 진상을 규명하려는
전민특위의 궁극적 목적은
다름 아닌 바로 미군 철수입니다
미군은 지난 60여년간 우리 안방에 도사리고 앉아
우리 나라 정사를 좌지우지했습니다
생각만 해도 끔찍합니다
미군은 양심도 정의도 없습니다
분단 민족비극을 더는 참을 수 없습니다
국회는 미군철수와 국가보안법 철폐를 당장 의결해야 합니다
조 · 중 · 동 세 신문은 가짜 민족지 가면을 벗고
참민족지로 거듭나
미군철수와 악법철폐를 주장해야 합니다
백년전 을사늑약의 망국교훈을 잊어서는 안됩니다
제2의 오적이 생겨나는 것을 애국심의 발산으로 막아야 합니다
미군이 물러나야 민주화 통일 평화가 옵니다

정치인 언론인 기업인 종업원 상인 예술인 문학인 노동자 농민 청년 학생 남녀노소 할것없이
남북 칠천만은 몽땅 일떠선 강산도 떠나갈듯
손을 흔들고 발을 구르고 목청 돋우어
미군 철수를 24시간 내내 쉬지 않고
부르짖어야 합니다
외쳐야 합니다
미국과 일본이 군사동맹으로 아무리 발광해도
우리 남북과 중 · 러의 힘이면
승산은 단연 우리에게 있습니다
미군이 북을 칠 때 우리국군은 어데로 갈 것인가?
'피는 물보다 진하다' 는 말로 대답하겠습니다

미군범죄의 진상을 철저히 규명하자!
미군은 물러가라!
조국의 자주통일 만세!

(2006. 5. 10.)

힘과 지혜를 주시옵소서

- 몽양 여운형 선생 서거 59주년에

몽양 여운형 선생님!
선생께서 저희들 곁을 떠나신 지도
어언 59년을 헤아립니다
분단은 61년을 저며 갔고요
인생도 세월도 무상합니다
형제가 갈라져 60갑자 긴긴 세월을
일자 소식없이 살았다니
슬픔을 넘어 끔찍해 망연자실 합니다
이보다 더한 민족비극이 또 어데 있겠습니까
59년전 선생님의 탁월한 정견대로 했더라면
그때 벌써 굳건한 독립국가를 세워
유구한 우리 문화를 세계에 자랑하며
행복하게 살았을 게 아닙니까
건준 - 찬탁 - 좌우합작은
누가 뭐래도
역사의 정답이요
정치의 정도였습니다
허나, 미군과 친일경찰을 등에 업은

친일 배족자들의 생사람잡이 분탕질로
국가대계는 물거품이 되고 말았습니다
천추의 한이 아닐 수 없습니다
분단이 길어지고 역사의 흐름이 어긋날수록
사회가 어지럽고 민심이 흉흉할수록
여선생님 생각이 더 간절하고 그리워집니다

저는 작년 7월 백두산에 올랐을 때
저절로 머리 숙여 나 자신이 아니 사람이 얼마나 작은 존재인가를 뼈저리게 느꼈습니다
마찬가지로 거성 여운형의 풍부한 인간성과 높은 애국애족의 예지 앞에 섰을 때
나 자신이 얼마나 왜소한가를 똑 같이 절실히 느꼈습니다
지금으로부터 87년전 즉 1919년 11월 23일
일제 군국주의 우두머리들 앞에서 행한
선생의 천재적 현하의 웅변을 회고하면
지금도 가슴이 두근거리고 전율을 느낍니다
34세의 식민지 청년 여운형이, 단독으로
일제 총본산 수뇌부 우두머리들을 완전히 제압해버렸던 것입니다
전무후무 역사에 남을 항쟁의 예술이었습니다
과시, 여운형은 이순신 이후 대인물이라고 말할 수 있

습니다

미군은 지난 61년간 이 땅에 머물면서
남북통일을 가로막았습니다
지금은 한술 더떠 북과 중국을 칠 흑심을 품고
평택 대추리에 백년대계 공격기지를 건설하고 있습니다
그러나, 남북 칠천만 겨레는
미제의 침략 야망을 파탄시킬 강력한 투쟁을 전개하고 있는 만큼, 급기야는
침략 저지를 확신합니다
최근에는 북이
방어용으로 미사일 몇발을 쐈다고 해서
미 · 일 제국주의자들은 설왕설래 야단법석을 떨었지만
북은 자주정신으로 끄떡 없습니다
여선생의 개탄 분개의 음성이 들려옵니다
자주와 권리 민주주의 입장에서 볼 때 자랑이 될지언정
문제될 게 하나도 없습니다
지금은 자유무역 협상으로 우리의 목을 죄고 있습니다

몽양 여운형 선생님!
선생은 돌아가시지 않았습니다
항상 저희들 곁에 계십니다
여운형 선생의 자주국가 건설 유훈과
6 · 15남북공동성명 실천으로
우리들의 통일운동은
만난을 물리치고 가시밭길을 헤쳐나가고 있습니다
넘어야 할 태산이 첩첩이건만
외세도 악법도 단연 물리칠 결심입니다
남 · 북공조만이 통일의 지름길입니다
남북 칠천만 겨레의 한결같은 염원인 자주통일 위업은
멀지 않은 장래에 기필코 달성되고야말 것입니다

여운형 선생이시여
저희들이 혹여 마음이 약해질 때
여 운 형 석자를 부르며
정신을 바짝 차리곤 합니다
영계에서나마 저희들에게
내내 힘과 지혜를 베풀어 주시옵소서

(2006. 7. 19.)

통일의 상징 홍근수 목사의 만수무강을 기원합니다 - 그의 고희에 부쳐

반갑습니다
기쁨니다
감격입니다
오늘, 우리들은
홍근수 목사님 70수를 온 정신 온 몸으로
축하해 마지 않습니다
그 뉘라 '인생 70고해희' 라 했던가요
21세기 오늘은
고희 청춘을 팔십 청춘을 구가하고 있지 않습니까
보십시요
우리 홍근수님은 반흑발 동안에
항상 봄바람이 불고 있습니다
그는 학생시절부터
가슴에 통일에 대한 열망이 꿈틀대고 있었습니다
1980년대에 들어 그 열망이 표면화 해

통일투쟁 전선에 뛰어들었습니다
그때부터 오늘에 이르기까지 4반세기 동안

불요불굴의 정신으로
민주화와 통일운동에 몸을 던졌습니다

1986년 8월 어느날
백악관 앞뜰에
하얀 백주에 천둥이 울렸습니다
"미군은 한국에서 물러가라!"
"yankee go home!"
한국청년 홍근수 목사가 외쳤습니다
백악관 첨탑이 움찔했습니다
분단 41년만에 처음으로
미국 하늘 아래서
단군 자주정신이 울렸던 것입니다
하지만, 미국언론도 한국언론도 묵살했습니다
홍근수, 그는 누구인가?
천하의 대학 서울대 법대를 졸업
한신대에서 신학을 전공한 목사가 된 후
1974년 도미, 콜게이트 라체스타 신학대학에서 박사 과정을 마쳤습니다
1987년, 미국 체류 13년만에 귀국했습니다
"왜 법대를 마치고 신학으로 바꿨습니까?"
"칼빈같은 대종교 개혁가도 법학에서 신학으로 넘어갔거든요."

"하필 어려운 통일운동에 몸을 던진 까닭은?"

"겨레의 운명이 백척간두에 섰는데 어찌 가만히 앉아 있을 수 있겠습니까.

예언자 에스겔도 유대나라 남북통일을 갈망 예언했고

예수의 일생은 유대민족의 통일운동이었습니다."

홍목사가 귀국해서 1년 몇개월 지난 1988년 9월 3일 저녁

그는 KBS 심야토론에 출연했습니다

이 자리에서 그는

국가보안법 철폐를 전제로 내놓은 다음

역사적 파천적破天的 중요 발언을 했습니다

'공산주의자는 인도주의자다.'

예사 사람은 몰라서 말을 못했고

혹여 알아도 두려워서 입을 다물었던 말입니다

반공교육과 반공악법이 난무하고 판을 쳤던

당시 반공국가 대한민국 천지에서

'공산주의자는 인도주의자다.' 라는 말의 충격과 파장은 엄청났습니다

이 발언에 대해 제가 주를 달지 않으면

무책임한 사람이 되기 때문에 주를 달겠습니다

360여년 전 지동설을 찬성했다가

사형언도를 받고도

태연히 '그래도 지구는 돈다' 고 말한
갈릴레이의 발언에 필적한다고 생각합니다
공산주의자들은 자기 자식과 이웃을 하늘이라 부르며 사랑했고
가난한 사람과 핍박받는 사람들을 끔찍히 사랑했습니다
홍목사의 발언에 대해 수구 목사들은
'홍근수는 김일성의 첩자' 라고 극언했습니다

소련권이 무너진 직후인 1991년 가을이든가
홍목사는
'소련권에서 무너진 것은 사회주의정권이지 사회주의는 아니다.' 라고 명쾌하게 단언했습니다
이상 두가지 발언은
목사요 신학자로서의 심오한 지혜와 통찰력의 소산이요
인간으로서는 천재성이 아니고는 불가능한 명언이라고 생각합니다
홍근수 목사는 과연
「아브라함이 부럽지 않다」라는 당당한
신학 명저를 남긴
엄친 홍성만 장로님의 아들답습니다

홍근수 목사는
1994년에 평통사(평화와 통일을 여는 사람들)를 창립했습니다
평통사가 펼치는 통일운동은 놀랍습니다
미국의 침략과 죄악을 고발 규탄합니다
통일 중원을 달리는 준마입니다
홍목사의 설교와 갑론은 재치와 인간미가 넘칩니다
또 한때 그는 20여 개의 사회단체 대표나 고문을 맡고 있었으니
그의 지도력과 영향력은 막강했건만
그는 그런 티를 일체 내지 않았습니다
그저 '흐흐' 입니다
그의 인품의 옆모습이지요
'홍근수와 향린교회' 그것은
8, 90년대 명동의 등불이요
우리들의 향수는 오늘도, 모락모락 피어오르고 있습니다

지금 산천초목은 그 푸르름이 절정에 달해
웃사웃사 생명력이 약동하건만
조국은 61년간 갈라져
우리들의 가슴은 갈갈이 찢어집니다
이 땅에 정치가도 지도자도 인간도 없다는

개탄의 목소리가 높지만
홍목사는 6 · 15통일 선언을 착착 실천하고 있습니다
목사 홍근수,
해방 신학자 홍근수,
통일운동가 홍근수,
평화주의자 홍근수,
이런 지칭으로 그를 칭송하며
인간 홍근수의 만수무강을
목청 돋우어 기원합니다
감사합니다

(2006. 8. 20.)